국어 자기주도학습 지도 전략

＊ 초등학교 편 ＊

국어 자기주도학습 지도 전략

* 초등학교 편 *

전도근 · 김설화 공저

학지사

머리말

교과내용만 완벽하게 외우면 시험을 잘 치를 수 있다는 생각에 교과내용과 관련된 사항들에 집중적으로 시간을 투자하는 것이 일반적인 공부 방법이다. 그러나 정작 공부의 기초가 되는 읽기, 쓰기의 기초학습 능력 향상을 위한 시간 투자에는 소홀한 경우가 많다. 공부에서 진정으로 중요한 공부의 원리는 바로, 기초학습 능력을 높이는 것임을 아는 사람이 많지 않다. 기초학습 능력을 높이면 교과내용을 좀 더 쉽게 이해할 수 있어서 공부가 잘되지만, 기초학습 능력이 부족하면 교과내용을 이해하지 못하기 때문에 공부를 잘할 수 없게 된다. 여기서 말하는 기초학습 능력에는 읽기, 쓰기, 말하기, 듣기가 있다. 이 중에서도 시험을 잘 치르기 위해 필요한 것은 바로 읽기와 쓰기다.

읽기(Reading)와 쓰기(Writing)는 어떤 공부를 하든지 기본이 되는 것으로, 언제나 함께 가는 동반자다. 읽기가 자신에게 필요한 정보를 받아들이는 수단이라면, 쓰기는 받아들인 정보를 바탕으로 자신의 주장을 체계적으로 정리해 밝히는 수단이다. 읽기는 글자만 알면 가능하다고 보기 때문에 쉽다고 생각하지만, 글쓰기는 다들 어려워한다. 뛰어난 문장가들도 글이 써지지 않아 벽에 머리를 찧고 싶을 때가 있다고 고백할 정도이니, 대다수 평범한 사람들이야 오죽하겠는가. 그러나 읽기 또한 원리를 모르고 무조건 읽는 것은 눈으로 읽는 것에 그치기 때문에 공부에 별 도움이 되지 않는다.

이 같은 이유로 읽기 능력과 쓰기 능력이 부족한 아이들에게 전략적 차원의 요령을 제시해 주는 길잡이 역할을 하고자 이 책을 집필하였다. 읽는 원리를 모르고는 글을 제대로 읽는 능력을 키울 수 없고, 쓰는 원리를 모르고는 좋은 글을 쓸 수 없다. 이 책은 성적을 높이기 위한 읽기와 쓰기의 원리를 제시해 주며, 또한 읽기와 쓰기 중 어느 한 가지를 해도 동시에 능력이 향상될 수 있도록 고안되었다.

또 이 책은 글의 구성법에 대해 많은 부분을 할애하고 있다. 글은 구성하는 방법에 따라 그 수준과 깊이가 달라지기 때문이다. 설령 갖고 있는 지식이 미미하더라도 구성법을 잘 운용하면 나름대로 좋은 글이 된다. 독서는 물론 경험도 부족한 사람들이 처음부터 글을 잘 쓸 수는 없다. 이 책은 그들의 숙련 시간을 단축시키고 시행착오를 줄여 줄 것이다. 이 책은 원리를 가르쳐 주는 책이 아니라 원리를 적용하는 방법을 알려 주는 책이기 때문이다.

이 책은 총 11개 장으로 구성되어 있다. 제1장에는 초등학교에서 읽기 능력을 길러야 하는 이유, 제2장에는 초등학교 발달 단계별로 읽는 방법을 제시, 제3장에는 읽기 능력이 제대로 향상되어 있지 않은 초등학생을 위한 읽기 원리, 제4장에는 읽기 단계별 읽기 전략, 제5장에는 시험에서 고득점을 얻기 위한 읽기 전략, 제6장에는 과목별 읽기 방법, 제7장에는 초등학교에서의 쓰기의 중요성, 제8장에는 초등학교 발달 단계별로 쓰는 방법, 제9장에는 쓰기 과정, 제10장에는 용도에 맞춘 알맞은 쓰기 전략, 제11장에는 서술 · 논술형 시험에서 고득점을 얻기 위한 쓰기 방법을 제시하였다.

종합해 보면, 이 책은 아이들의 읽기 능력과 쓰기 능력을 동시에 향상시킬 수 있는 방법을 단계별로 지도할 수 있도록 구성하였다. 이 땅에서 읽고 쓰는 것에 막혀 공부가 뜻대로 되지 않아 고통받는 아이들이 행복해지길 바라는 마음에서 집필한 것이다. 부디 이 책으로 모든 학생이 공부 잘하는 세상이 오길 기원한다.

일산의 서재에서

차례

CONTENTS

머리말 ········· 04

초등학교 교과서에서
나오는 읽기 · 쓰기의 지도의 필요성 ········· 10

1 우리 아이의 평생 성적! 읽기가 결정한다

1 왜! 읽기가 중요한가 ········· 21
2 성적 향상을 위해서는 읽기 능력을 키워라 ········· 22
3 읽기를 잘하려면 읽기 능력을 키워라 ········· 24
4 읽기 능력을 높이는 비밀! 읽기 과정 ········· 26
5 독서, 우리 아이 인생을 바꾼다 ········· 30
6 읽기 능력, 초등학교 때부터 길러야 한다 ········· 34

2 초등학교 발달 단계별로 읽기를 달리하라

1 초등학교 입학 전까지는 다양한 글을 읽어 주라 ········· 39
2 초등학교 1~2학년에는 함께 참여하는 읽기를 하라 ········· 40
3 초등학교 3~4학년에는 의미 중심의 글 읽기를 지도하라 ········· 49
4 초등학교 5~6학년에는 초급의 사고 기능을 갖도록 지도하라 ········· 50

3 읽기에도 원리가 있다

1 먼저 책을 잘 선택하라 ········· 55
2 용도에 따라 읽기를 달리하라 ········· 57
3 글의 목적에 따라 읽기 방법을 달리하라 ········· 59
4 장르별로 읽기 방법을 달리하라 ········· 61
5 독해 전략(SQ3R)에 따라 읽으라 ········· 65
활동지 ········· 67

4 한 번만 읽어도 잊히지 않는 읽기 전략

1 읽기 준비 전 단계 ········· 79
2 읽기 단계 ········· 81
3 읽기 후 단계 ········· 83
활동지 ········· 85

5 시험에서 100점을 위한 읽기 전략

1 시험을 잘 보기 위한 읽기 전략 ········· 101
2 실수를 줄이려면 5단계로 풀어라 ········· 104
3 정확히 읽고 표시하라 ········· 107
4 정확히 읽어야 정답이 보인다 ········· 110
5 지문을 잘 읽으면 답이 보인다 ········· 112
6 지문을 꼼꼼히 분석하라 ········· 115

6 과목별로 읽기 방법을 달리하라

1 국어 과목 읽는 방법 ········· 123
2 영어 과목 읽는 방법 ········· 125
3 수학 과목 읽는 방법 ········· 128
4 과학 과목 읽는 방법 ········· 130
5 사회 과목 읽는 방법 ········· 131

7 우리 아이의 평생 성적! 쓰기가 결정한다

1 왜! 쓰기가 중요한가 ········· 137

2 쓰기를 어떻게 하면 잘할 수 있을까 ········· 138

3 쓰기 능력을 측정하는 것이 논술이다 ········· 140

4 쓰기 능력 초등학교에서 길러야 한다 ········· 141

5 성적을 높이는 데 쓰기 능력이 왜 중요한가 ········· 143

8 초등학교 발달 단계별로 쓰기를 달리하라

1 초등학교 1학년 때에는 글쓰기에 흥미를 느끼게 하라 ········· 149

2 초등학교 2학년 때에는 글의 종류가 다양함을 알려 주라 ········· 150

3 초등학교 3학년 때에는 생각을 적도록 하라 ········· 152

4 초등학교 4학년 때에는 쓰기 과정을 지도하라 ········· 153

5 초등학교 5학년 때에는 문법을 지도하라 ········· 154

6 초등학교 6학년 때에는 문제해결 능력을 키우도록 지도하라 ········· 155

활동지 ········· 156

9 쓰기 과정이 쓰기 능력을 지배한다

1 주제 선정하기 ········· 163

2 배경지식 활성화하기 ········· 166

3 아이디어 생성하기 ········· 168

4 표현하기 ········· 170

5 고쳐쓰기(평가하기) ········· 175

6 발표하기 ········· 177

7 논리적으로 글쓰기 지도 요령 ········· 180

활동지 ········· 189

10 용도에 따른 쓰기 전략

1 정보 전달을 위한 글쓰기 ········· 219

2 설득하는 글쓰기 ········· 221

3 정서 표현의 글쓰기 ········· 223

4 친교의 글쓰기 ········· 227

활동지 ········· 230

11 서술 · 논술형 100점으로 가는 지름길

1 서술형 평가의 유형별 특성을 파악하라 ········· 241

2 출제 경향을 파악하라 ········· 244

3 기출문제를 확실하게 익혀라 ········· 246

4 글쓰기 연습을 끊임없이 하라 ········· 250

[참고 문헌] ········· 252

부록 부 록

1 문장의 성분 ········· 255

2 품 사 ········· 257

3 맞춤법 ········· 260

4 띄어쓰기 ········· 263

5 글쓰기 부호 ········· 266

6 학년별 권장도서 목록 ········· 272

초등학교 교과서에 나오는 읽기 · 쓰기 지도의 필요성

읽기와 쓰기는 완전히 상반된 것처럼 보이지만 문자를 매개로 하는 의사소통 행위이면서 의미를 파악하거나 재구성하는 복합적 사고 과정이라는 측면에서는 관련이 많다. 전문가들도 읽기와 쓰기를 별개로 지도하는 것보다 통합하여 지도하는 것이 교수-학습의 효과를 높일 수 있다고 하였다. 따라서 읽기와 쓰기는 공통적으로 문자를 매개로 하면서 사고 과정이 비슷하기에 한꺼번에 지도하면 분석적이고도 종합적인 사고가 동시에 이루어지게 된다. 쓰기를 잘 하기 위해서는 읽기를 많이 해야 하고, 쓰기를 잘하면 읽기도 잘할 수 있기에 상호 협력적이기도 하다.

실제로 쓰기 능력이 뛰어난 사람은 그렇지 못한 사람보다 읽기를 훨씬 잘한다. 또한 읽기 능력이 뛰어난 사람의 글은 그렇지 못한 사람의 글보다 짜임새가 훌륭하다. 읽기 능력을 키우기 위해 쓰기 활동을 시작하자 읽기 능력에서 성공적인 결과가 나타났다. 이 실험은 읽기 능력이나 쓰기 능력 중 어느 한 가지 능력의 신장을 목적으로 훈련하면 다른 한 가지 능력도 높아진다는 것을 의미한다. 즉, 읽기 능력을 높이는 훈련을 하면 자연스럽게 쓰기 능력이 향상되며, 쓰기 능력을 높이는 훈련을 하면 자연스럽게 읽기 능력이 향상된다. 결국 읽기와 쓰기는 서로 불가분의 관계에 있으며, 한 가지 능력의 향상은 다른 한 가지 능력이 향상되는 데 도움이 됨을 알 수 있다.

읽기와 쓰기 행위는 글 쓰는 사람이 자신의 생각을 독자에게 전달하고, 글을 쓴 사람 생각을 독자가 전달받는 단순한 과정이 아니라, 더 나아가 의미를 재구성하는 종합적인 사고 과정이다. 즉, 읽기는 필자의 생각과 글을 읽는 독자의 사전 지식이 문자를 매개로 하여 독자의 읽기 기능으로 여과되는 상호작용 과정이다. 또한 쓰기는 독자를 고려하여 필자가 자신의 생각을 장기기억에서 이끌어 내어 배열하고 구성하는 사고 과정이다.

그러므로 읽기와 쓰기는 마치 동전의 양면과 같아서 어느 하나를 버릴 수 있는 것이 아니라 하나를 이끌면 나머지 한 면도 따라오는 불가분의 관계에 있다고 할 수 있다.

초등학교 1학년에서 배우는 읽기 · 쓰기

초등학교 1학년 쓰기 영역에서는 주로 재미있는 글감을 선정하여 쓰는 것에 대해 흥미를 가지게 하는 것과 낱말과 문장을 정확히 받아쓰는 능력을 중요시한다. 따라서 초등학교 1학년 때는 받아쓰기 연습을 자주 해서 정확한 낱말이나 문장을 구사할 수 있도록 지도해야 하며, 쓰기에 대해서 흥미를 가질 수 있도록 재미있는 내용을 선정해서 글쓰기 연습을 지도해야 한다.

초등학교 1학년에서 배우는 읽기 · 쓰기

학년 및 영역	지도 목표
1 – 쓰 – 3	재미있는 내용을 선정하여 글을 쓴다.
1 – 쓰 – 4	낱말이나 문장을 정확하게 받아쓴다.
1 – 쓰 – 5	쓰기에 대하여 흥미를 가진다.

초등학교 2학년에서 배우는 읽기 · 쓰기

초등학교 2학년 교과서를 분석해 보면, 2학년 쓰기 영역에서는 쓰기의 여러 가지 목적을 알고 크기와 모양을 조절하며 글자를 쓰는 것이 나온다. 또한 독자의 흥미를 끌 수 있는 내용을 선정하여 글을 쓰는 것과 자신의 생각을 문장으로 정확하게 표현하는 것이 나온다. 따라서 초등학교 2학년 쓰기 영역에서는 쓰기의 목적을 파악하고 독자의 흥미를 끌 수 있는 내용을 선정해서 글을 쓰는 연습이 중요하다. 또한 글자의 크기와 모양을 조절해 가며 쓸 수 있도록 지도해야 한다.

국어 영역에서는 문장 안에서 꾸며 주는 말의 기능을 아는 것이 나온다. 따라서 초등학교 2학년 국어 영역에서는 문장 안에서 꾸며 주는 말의 기능인 품사를 이해하도록 지도해야 한다.

문학 영역에서는 이어질 내용을 상상하는 것과 작품에 흥미를 가지고 즐겨 읽는 습관을 지니게 하는 것이 나온다. 따라서 초등학교 2학년 문학 영역에서는 이어질 내용을 상상해 보고 작품에 흥미를 지닌 채 즐겨 읽는 습관을 기르도록 지도해야 한다.

초등학교 2학년에서 배우는 읽기 · 쓰기

학년 및 영역	지도 목표
2 – 쓰 – 1	쓰기에는 여러 가지 목적이 있음을 안다.
2 – 쓰 – 2	크기와 모양을 조절하며 글자를 쓴다.
2 – 쓰 – 3	독자의 흥미를 끌 수 있는 내용을 선정하여 글을 쓴다.
2 – 쓰 – 4	자신의 생각을 문장으로 정확하게 표현한다.
2 – 국 – 2	문장 안에서 꾸며 주는 말의 기능을 안다.
2 – 문 – 2	이어질 내용을 상상한다.
2 – 문 – 4	작품에 흥미를 가지고 즐겨 읽는 습관을 지닌다.

초등학교 3학년에서 배우는 읽기 · 쓰기

초등학교 3학년 교과서를 분석해 보면, 3학년 쓰기 영역에서는 글을 쓸 때 지식이나 경험을 활용해야 하고, 문장 부호의 종류와 쓰임을 알고 바르게 사용하는 것이 나온다. 또한 내용을 창의적으로 생성하여 글을 쓰는 것과 원인과 결과가 드러나게 글을 쓰는 것, 공통점이나 차이점이 드러나게 글을 쓰는 것, 알맞은 낱말을 선택하여 글을 쓰는 것이 나온다. 따라서 초등학교 3학년 쓰기 영역에서는 글을 쓸 때 지식이나 경험을 활용하도록 지도해야 하며, 문장 부호를 알려 주고, 창의적으로 글을 쓰면서 원인과 결과가 드러나게 글을 쓸 수 있도록 지도해야 한다.

국어 영역에서는 우리말에 어순이 있다는 것과 이어 주는 말의 기능을 아는 것이 나온다. 따라서 초등학교 3학년 국어 영역에서는 어순을 알고, 이어 주는 말 각각의 기능을 이해하도록 지도해야 한다.

문학 영역에서는 작품에 나오는 인물이 되어 보는 것과 작품을 스스로 찾아 읽는 습관에 대한 것이 나온다. 따라서 초등학교 3학년 문학 영역에서는 작품에 나오는 인물이 되어 보면서 자신에게 맞는 작품을 찾아 읽는 습관을 지니도록 지도해야 한다.

초등학교 3학년에서 배우는 읽기 · 쓰기

학년 및 영역	지도 목표
3 – 쓰 – 1	글을 쓸 때는 지식이나 경험을 활용해야 함을 안다.
3 – 쓰 – 2	문장 부호의 종류와 쓰임을 알고 바르게 사용한다.
3 – 쓰 – 3	내용을 창의적으로 생성하여 글을 쓴다.
3 – 쓰 – 4	원인과 결과가 드러나게 글을 쓴다.
3 – 쓰 – 5	공통점이나 차이점이 드러나게 글을 쓴다.
3 – 쓰 – 6	알맞은 낱말을 선택하여 글을 쓴다.
3 – 국 – 1	우리말에는 어순이 있음을 안다.
3 – 국 – 3	이어 주는 말의 기능을 안다.
3 – 문 – 4	작품에 나오는 인물이 되어 본다.
3 – 문 – 5	작품을 스스로 찾아 읽는 습관을 지닌다.

초등학교 4학년에서 배우는 읽기 · 쓰기

초등학교 4학년 교과서를 분석해 보면, 4학년 읽기 영역에서는 읽기의 여러 가지 방법과 주제를 파악하며 글을 읽는 방법, 그리고 글에 알맞은 제목을 붙이는 것이 나온다. 따라서 초등학교 4학년 읽기 영역에서는 여러 가지 방법으로 글을 읽는 방법을 지도해야 하며, 주제를 파악하면서 글을 읽도록 하고, 글에 알맞은 제목을 붙이는 연습을 하도록 지도해야 한다.

쓰기 영역에서는 쓰기에 과정이 있다는 것과 주제에 적절한 내용을 선정하여 글을 쓰는 것이 나온다. 또한 문단을 짜임새 있게 쓰는 것과 알맞은 제목을 붙여 글을 쓰는 것이 나온다. 따라서 초등학교 4학년 쓰기 영역에서는 글을 쓰는 과정에 대하여 이해하고, 글을 쓸 때는 주제에 맞는 내용을 선정하며, 그에 따른 제목을 알맞게 붙이는 방법과 짜임새 있는 문단으로 글을 쓸 수 있도록 지도해야 한다.

국어 영역에서는 문장의 종류와 어휘의 개념이 나온다. 따라서 초등학교 4학년 국어 영역에서는 문장의 종류와 어휘의 개념을 파악하도록 지도해야 한다.

문학 영역에서는 작품의 구성 요소와 작품의 주제를 파악하는 것과 구성 요소를 창조적으로 재구성하는 것이 나온다. 또한 낱말과 낱말 사이의 유의관계, 반의관계, 하의관계와 작품에 등장하는 인물의 사고방식을 이해하는 것이 나온다. 따라서 초등학교 4학년 문학 영역에서는 작품의 구성 요소 및 주제를 파악하는 방법을 지도해야 한다. 또한 반

초등학교 4학년에서 배우는 읽기 · 쓰기

학년 및 영역	지도 목표
4 – 읽 – 1	읽기에는 여러 가지 방법이 있음을 안다.
4 – 읽 – 3	주제를 파악하며 글을 읽는다.
4 – 읽 – 4	글에 알맞은 제목을 붙인다.
4 – 쓰 – 1	쓰기에는 과정이 있음을 안다.
4 – 쓰 – 2	주제에 알맞은 내용을 선정하여 글을 쓴다.
4 – 쓰 – 5	문단을 짜임새 있게 쓴다.
4 – 쓰 – 6	알맞은 제목을 붙여 글을 쓴다.
4 – 국 – 2	문장의 종류를 안다.
4 – 국 – 3	어휘의 개념을 안다.
4 – 문 – 1	작품의 구성 요소를 안다.
4 – 문 – 2	작품의 구성 요소를 통하여 주제를 파악한다.
4 – 문 – 3	작품의 구성 요소를 창조적으로 재구성한다.
4 – 문 – 4	낱말과 낱말 사이의 유의관계, 반의관계, 하의관계를 안다.
4 – 문 – 5	작품에 나오는 인물의 사고방식을 이해한다.

대로 구성 요소를 통하여 창조적으로 재구성하거나 낱말과 낱말 사이의 유의관계, 반의관계, 하의관계와 작품에 등장하는 인물의 사고방식을 이해하는 방법을 지도해야 한다.

초등학교 5학년에서 배우는 읽기·쓰기

초등학교 5학년 교과서를 분석해 보면, 읽기 영역에서는 사실과 의견을 표현한 부분을 구별하며 글을 읽는 것과 이어질 내용을 예측하며 글을 읽는 것이 나온다. 또한 생략된 내용을 추론하며 글을 읽는 것이 나온다. 따라서 5학년 읽기 영역에서는 사실과 의견을 표현한 부분을 구별하고 이어질 내용을 예측하며 글을 읽도록 지도해야 하며, 생략된 내용을 추론하며 글을 읽도록 지도해야 한다.

쓰기 영역에서는 쓰기 상황에 주제, 목적, 예상 독자 등이 관련되어 있다는 것과 조사나 관찰을 통하여 내용을 선정해 글을 쓰는 것이 나온다. 또한 분류·분석·예시 비유의 방법으로 내용을 전개하여 글을 쓰는 것이 나온다. 따라서 5학년 쓰기 영역에서는 쓰기 상황에 주제, 목적, 예상 독자 등이 관련되어 있음을 지도해야 하며, 조사나 관찰을 통하여 내용을 선정하고 분류·분석·예시·비유의 방법으로 내용을 전개해 가며 글을 쓸 수 있도록 지도해야 한다.

문학 영역에서는 작품에서 사건의 전개과정과 인물의 관계를 이해하는 것과 작품에 등장하는 인물의 다양한 삶을 이해하는 것이 나온다. 따라서 5학년 문학 영역에서는 작품에서 사건의 전개 과정과 인물의 관계를 파악할 수 있도록 지도해야 하며, 작품에 등장하는 인물의 다양한 삶을 이해할 수 있도록 지도해야 한다.

초등학교 5학년에서 배우는 읽기 · 쓰기

학년 및 영역	지도 목표
5 - 읽 - 3	사실과 의견을 표현한 부분을 구별하며 글을 읽는다.
5 - 읽 - 4	이어질 내용을 예측하며 글을 읽는다.
5 - 읽 - 5	생략된 내용을 추론하며 글을 읽는다.
5 - 쓰 - 1	쓰기 상황에는 주제, 목적, 예상 독자 등이 관련되어 있음을 안다.
5 - 쓰 - 3	조사나 관찰을 통하여 내용을 선정해 글을 쓴다.
5 - 쓰 - 4	분류의 방법으로 내용을 전개하여 글을 쓴다.
5 - 쓰 - 5	분석의 방법으로 내용을 전개하여 글을 쓴다.
5 - 쓰 - 6	예시의 방법으로 내용을 전개하여 글을 쓴다.
5 - 쓰 - 7	비유의 방법으로 내용을 전개하여 글을 쓴다.
5 - 문 - 2	작품에서 사건의 전개 과정과 인물의 관계를 이해한다.
5 - 문 - 4	작품에 나오는 인물의 다양한 삶을 이해한다.

초등학교 6학년에서 배우는 읽기 · 쓰기

초등학교 6학년 교과서를 분석해 보면, 읽기 영역에서는 글을 읽고 전체 내용을 파악하는 방법과 주장에 대한 근거의 적절성을 판단하며 글을 읽는 것이 나온다. 따라서 초등학교 6학년 읽기 영역에서는 글을 읽고 전체 내용을 파악하는 방법을 지도해야 하며, 주장에 대한 근거의 적절성을 판단하며 글을 읽도록 지도해야 한다.

쓰기 영역에서는 주장을 뒷받침하기에 알맞은 근거를 제시하고 문제와 해결의 짜임으로 내용을 전개하여 글을 쓰는 것과 문제와 해결의 짜임으로 내용을 전개하여 글을 쓰는 것이 나온다. 따라서 초등학교 6학년 쓰기 영역에서는 주장을 뒷받침하기에 알맞은 근거를 제시하고 문제와 해결의 짜임으로 내용을 전개하여 글을 쓸 수 있도록 지도해야 한다.

국어 영역에서는 문장과 문장 사이의 연결관계에 대한 것이 나온다. 따라서 초등학교 6학년 국어 영역에서는 문장과 문장 사이의 연결관계를 알 수 있도록 지도해야 한다.

문학 영역에서는 작품에서 사건의 전개와 배경의 관계를 파악하는 것과 작품을 다른 갈래로 표현하는 것이 나온다. 따라서 초등학교 6학년 문학 영역에서는 작품에서 사건의 전개와 배경의 관계를 파악할 수 있도록 지도해야 하며, 작품을 다른 갈래로 표현하는 방법을 지도해야 한다.

초등학교 6학년에서 배우는 읽기 · 쓰기

학년 및 영역	지도 목표
6 - 읽 - 3	글을 읽고 전체 내용을 파악한다.
6 - 읽 - 4	주장에 대한 근거의 적절성을 판단하며 글을 읽는다.
6 - 쓰 - 3	주장을 뒷받침하기에 알맞은 근거를 제시하며 글을 쓴다.
6 - 쓰 - 4	문제와 해결의 짜임으로 내용을 전개하여 글을 쓴다.
6 - 국 - 4	문장과 문장 사이의 연결관계를 안다.
6 - 문 - 2	작품에서 사건의 전개와 배경의 관계를 파악한다.
6 - 문 - 6	작품을 다른 갈래로 표현한다.

1 왜! 읽기가 중요한가 21

2 성적 향상을 위해서는 읽기 능력을 키워라 22

3 읽기를 잘하려면 읽기 능력을 키워라 24

4 읽기 능력을 높이는 비밀! 읽기 과정 26

5 독서, 우리 아이 인생을 바꾼다 30

6 읽기 능력, 초등학교때부터 길러야 한다 34

1

우리 아이의 평생 성적! 읽기가 결정한다

1

우리 아이의 평생 성적! 읽기가 결정한다

1 왜! 읽기가 중요한가

부모들은 아이들을 명문대학에 보내기 위해 공부를 잘해야 한다며 그들을 학교와 학원으로 끊임없이 내몰고 있다. 현 시점에서 공부를 잘한다는 것은 궁극적으로 높은 시험점수를 받는다는 의미임을 부인할 수 없다. 그러나 시험에서 높은 점수를 받기 위해서 가장 선행되어야 할 것이 문제를 읽고 의도를 정확하게 파악하는 것이라는 사실을 인지하고 있는 부모는 많지 않다. 그러면 어떤 아이들이 문제를 읽고 출제자의 의도를 정확하게 파악할 수 있을까?

그 답은 바로 읽기 능력에 있다. 읽기 능력이 잘 갖추어진 아이들은 다른 아이들과 같은 책을 읽거나 같은 문제를 접해도 바로 글쓴이의 의도나 글의 핵심을 더 쉽게 찾아낼 수 있다는 말이다.

그렇다면 읽기 능력이란 무엇일까? 한 문장으로 표현하자면, 읽기 능력이란 글을 읽고 글의 내용을 이해하며, 글의 핵심을 파악하여 정확히 기억할 수 있는 능력이다.

요즘 부모들은 태교를 한다는 이유로 아이가 뱃속에 있을 때부터 책을 사기 시작한다. 또한 아이가 기어 다니기 시작할 무렵에는 온갖 분야의 전집을 종류별로 갖추어 마치 전시하듯이 집에 꽂아 놓고 아이에게 읽어 주고 또 읽으라고 종용한다. 이렇게 많은 책을 사 주면서 읽어 주는 열성 부모는 있으나 도대체 왜 책을 읽어야 하는지, 그렇게 많은 책을 읽고 얻은 정보는 어떻게 기억하고 사용해야 하는지 차근차근 알려 주는 부모는 없다.

이런 아이들의 문제는 정보의 부재가 아니다. 머릿속에 계속해서 쌓여 가는 그 많은 보석 같은 정보를 어떻게 다듬고 선별해서 나만의 것으로 만드는가, 어떻게 조합해서 정리하고 연결고리를 만들어 놓는가가 정보의 홍수 속에 살고 있는 현재 우리 아이들에게 필요한 능력이다.

예전에는 시험문제도 단순한 지식을 묻는 단답식의 객관식 형태였으나 점차 아이들의 사고력을 측정하는 서술형으로 바뀌는 추세다. 더욱이 대학수학능력시험 또한 단순 암기 능력이 아닌 종합적 사고력을 측정하기 위한 방향으로 계속 진화하고 있다. 결국 시험문제를 읽고도 문제를 이해하지 못하거나 의도를 파악하지 못하면 정답을 찾을 수 없는 것이다.

학습 능력이 부족한 아이들을 분석해 보면 대부분이 읽기 능력을 갖추지 못한 상태다. 그 아이들은 교과서를 읽어도 어떻게 읽어야 하는지 모르고, 핵심을 찾지 못하기 때문에 시험에서 고득점을 얻기 어렵다. 하위권 학생이 아니어도 읽기 능력이 부족하면 시험에서 문제의 형태를 조금만 변형해도 문제를 풀지 못하는 경우가 생긴다. 반면 상위권 학생은 제대로 된 읽기 능력을 가지고 있기 때문에 어떤 시험에서도 항상 흔들림 없는 점수를 유지하는 것이다. 또한 상위 학교로 진학을 해도 새로운 생활에 쉽게 적응하고 어려워진 교과과정도 무리 없이 받아들인다. 그들은 제대로 된 읽기 방법을 알고 있기 때문이다.

결론은 나왔다. 결국 공부라는 것은 얼마나 암기하느냐가 아니라 얼마나 교과서를 이해하고 자신의 것으로 받아들여 응용하느냐에 따라 성패가 결정된다. 즉, 아이들이 초등학교 때부터 읽기 능력을 갈고 닦을 수 있도록 엄마가 도와줘야 한다. 지금 중요한 것은 자녀의 현재 시험점수가 아니다. 내 아이가 정말 제대로 된 읽기 능력을 갖추고 있는지 점검해 보고, 그렇지 않다면 어떻게 그 능력을 키워 줄 것인지 고민하라. 그러면 아이들의 잠재 능력은 무한대로 성장할 것이다. 이에 따라 시험점수도 날개 돋친 듯 날아오를 것이다.

2 성적 향상을 위해서는 읽기 능력을 키워라

부모는 아이의 읽기 능력은 생각하지 않고 초등학교에 들어가기만 하면 시험 결과만으로 아이의 능력을 판단해 버린다. 아이들의 시험성적이 나쁘면 왜 그런 점수가 나왔는

지에 대해서는 관심이 없고, 오직 공부를 안 했다고 생각하거나 머리가 나쁘다고 생각하기 일쑤다. 그러나 아이들이 공부를 못하는 것은 여러 가지 원인 중에서도 바로 읽기 능력의 부족이 가장 큰 이유인 경우가 많다. 하지만 부모는 읽기 능력이 무엇인지 모를 뿐더러 읽기 능력이 왜 중요한지 모르기 때문에 읽기 능력에 대해서는 관심도 없다. 따라서 아이들이 공부를 못하는 원인을 파악하지 못한 채 그저 공부를 열심히만 하라고 하니 자연적으로 아이와 갈등만 깊어진다.

결국 이러한 성장과정을 겪은 아이들은 당연히 공부가 싫을 수밖에 없고, 엄마는 자기를 무조건 사랑하는 것이 아니라고 느끼게 되며, 이 과정에서 엄마가 하는 이야기는 모두 잔소리라고 인식한다. 이때부터 공부는 무조건 싫고 생각만 해도 짜증이 나는 부정적인 사건이 된다. 이처럼 읽기 능력 하나가 아이의 인생을 결정하는 중요한 요인이 될 수 있음을 부모는 깨달아야 한다.

읽기 능력은 국어뿐만 아니라 모든 과목에서 필요한 기초적인 능력이다. 읽기 능력이란 말 그대로 글을 읽고 그 뜻을 있는 그대로 이해하여 해석하는 능력이다. 영어 시험에서 아무리 지문을 잘 해석해도 글의 핵심을 제대로 파악하지 못하면 정답을 찾을 수 없다. 또한 수학 공식을 아무리 많이 외웠다 하더라도 막상 우리말로 된 문제의 뜻을 이해하지 못하면 문장으로 길게 설명하고 응용해서 낸 수학 문제는 제대로 풀 수 없다. 즉, 수학 시험 성적이 좋지 않은 아이들 중에는 수학 공식을 잘 알아도 우리말로 응용되어서 나온 문제의 의미를 몰라서 아예 풀지 못하는 경우가 많다는 것이다. 이는 읽기 능력이 모자라기 때문에 생기는 현상이다.

읽기 능력이 부족한 아이들은 문제에 사용된 어휘의 뜻을 몰라서 문제를 이해하지 못하는 경우도 많다. 그런 점에서 읽기 능력의 일차적인 관건은 바로 어휘력이라고 볼 수도 있다. 어휘력을 키우기 위해서는 평소에 생소한 낱말은 사전을 찾아 확실하게 그 뜻을 익혀 두는 습관을 들여야 한다. 그리고 글을 읽을 때는 낱말의 뜻에 얽매이지 말고 문장의 흐름을 중요하게 여겨야 한다. 아무리 어려운 낱말이라 하더라도 문맥에 따라 해석해 보면 이해할 수 있는 경우가 많다. 그렇게 익힌 낱말은 기억에도 오래남기 마련이다.

또한 읽기 능력이 부족한 아이들은 수동적으로 공부에 임하는 경우가 많다. 글을 읽을 때 그 내용에 집중하기보다는 그것을 통해 얻어야 하는 평가에 얽매이는 경우가 많은 것이다. 그렇게 낱말 하나하나에 신경을 쓰다 보면 전체적인 맥락을 보지 못한다. 전체적인 맥락을 보지 못하니 글을 읽으면 머리가 복잡해지고, 머리가 복잡해지니 배경지식을 활용할 여유가 없는 것이다. 따라서 이런 아이일수록 공부에 여유를 갖도록 만들어야 한다. 평가 목표에 얽매이지 말고, 새로운 것을 알아가는 공부 자체에서 즐거움을 누리는 여유를 가져야 한다.

초등학생이면서 중학교, 고등학교의 수능문제까지 너끈히 풀어 내는 아이들의 공통점은 공부에 적극적이라는 것이다. 상급 학교의 수능문제를 풀어 보겠다는 의지를 갖기란 쉽지 않지만 우리말로 된 국어나 언어 영역 문제를 푸는 것은 스스로의 의지가 있다면 집중력을 발휘해서 쉽게 접근할 수 있다. 적극적인 자세가 읽기 능력의 왕도인 것이다.

3 읽기를 잘하려면 읽기 능력을 키워라

사람들은 읽기와 독서의 차이에 대해서 잘 모르거나 같은 것으로 알고 있지만, 읽기는 글을 읽는 것이고 독서(讀書)는 '책'을 읽는 것을 말한다. 흔히 독서를 읽기와 같은 의미로 보기 쉬우나 엄격하게 말하면 읽기와 독서에는 많은 차이가 있다. 일반적으로 읽기는 글 읽기의 가장 초보적인 단계를 말하고, 독서는 글 읽기의 가장 마지막 단계를 의미하는 용어로 사용되어 왔다. 그래서 읽기의 기능은 글을 읽고 이해하고, 내용을 분석 · 적용 · 비판하면서 글의 전체적인 의미를 파악하는 것이라 할 수 있다. 반면에 독서의 기능은 책을 읽고 뜻을 이해하는 수준의 글 읽기에서부터 견문 확장, 인격 수양, 정서 함양까지 포함하는 넓은 개념으로 이해해야 한다. 따라서 독서는 단순하게 책을 읽고 이해만 하면 되지만, 읽기는 내용 이해에서 끝나지 않고, 내용을 분석 · 적용 · 비판 · 응용하고 의미를 파악하는 것까지 해당한다.

결과적으로 독서는 단순히 많은 책을 읽고 지식을 쌓아가는 데 도움을 주어 전체 인생에서 삶의 지표가 되거나 살아가는 데 지혜를 준다. 그러나 읽기는 글을 읽고 이해하고 분석 · 적용 · 비판 · 응용 · 의미 파악을 하는 것이기 때문에 학습에 도움이 되며, 성적을 높이는 방편이 된다.

그렇다고 해서 독서와 읽기를 서로 완전히 다른 것으로 이해하면 안 된다. 그 둘 사이에는 아주 긴밀한 상호관계가 있다. 바로 올바른 독서를 위해서는 제대로 된 읽기 능력이 뒷받침되어야 한다는 것이다. 그렇지 않다면 아무리 책을 읽어도 내용이 아닌 단순 문자로서의 형태로 남을 수밖에 없고, 시간을 낭비해 버리는 꼴이 된다. 그러므로 읽기 능력이 형성되어 있는 상태에서의 독서는 글의 이해를 바탕으로 하기 때문에 읽기 능력에 따라 독서 효율성도 함께 증가한다. 이런 방식으로 독서를 많이 하면 할수록 종합적

〈표 1-1〉 독서와 읽기의 비교

비 교	독 서	읽 기
의 미	책을 읽는 것	글을 읽는 것
단 계	마지막 단계	초보적인 단계
개 념	글 읽기에서부터 견문 확장, 인격 수양, 정서 함양까지 포함하는 넓은 개념	글을 읽고 이해하고, 내용을 분석, 적용, 비판하면서 글의 전체적인 의미를 파악
효 과	전체 인생에서 삶의 지표가 되거나 삶을 살아가는 데 지혜를 줌	학습에 도움이 되며, 학습능력과 성적을 높임
결 과	평생학습 능력 향상	학업성취도 향상

인 사고력을 키우는 데 도움이 되고, 결국에는 대학수학능력시험을 잘 치를 수 있는 튼튼하고 정교한 주춧돌이 마련되는 것이다.

종합해 보면, 독서는 지금 당장 학습과는 관계가 없지만 평생학습 능력을 향상시키고, 읽기는 학습 능력과 학업성취도를 향상시키는 데 직접적으로 영향을 미친다.

4 읽기 능력을 높이는 비밀! 읽기 과정

읽기를 잘하기 위해서는 어떤 과정을 거치면서 읽기가 진행되는지 알아야 한다. 읽기 과정은 독자가 어떻게 글자에서 의미를 이끌어 내는가를 기술하는 것으로, 수준 높은 정신적 과정이라고 할 수 있다. 따라서 읽기를 잘하려면 읽기 과정이 어떻게 이루어지는지를 알고 순서대로 따르면 된다. 이 같은 읽기 과정에 대해서 아직 각양각색의 주장이 있기는 하지만 읽기 과정이 읽기 능력을 결정하는 주요 요인이라는 생각은 지배적이다. 읽기 과정에서 기본적으로 가지고 있는 배경지식이 중요한가, 아니면 언어지식이 중요한가에 따라 읽기 과정 모형이 나뉜다.

실제로 통계를 통해 읽기 과정과 읽기 능력의 관계를 조사한 결과, 읽기 능력이 부족한 사람은 읽기를 해독 과정으로 생각하는 반면, 읽기 능력이 뛰어난 사람은 문자를 이해하는 문제로 생각하는 경향이 있는 것으로 나타났다. 또한 읽기가 능숙하지 못한 사람은 단어 수준의 읽기 과정 모형에 따라 읽기 활동을 하는 반면에, 읽기가 능숙한 사람은 의미에 근거한 읽기 과정 모형에 따라 읽기 활동을 한다고 나타났다.

이와 같이 독자의 읽기 과정 모형과 읽기 능력 간에 의미 있는 관계가 있음이 밝혀짐에 따라 읽기 과정 모형의 종류에 대한 인식은 중요한 부분이 되었다. 읽기 과정 모형은 상향식 모형(Bottom-up model), 하향식 모형(Top-down model), 상호작용 모형(Interactive model)으로 구분할 수 있다.

상향식 읽기 과정 모형

상향식 읽기 과정 모형은 Gough(1972)가 처음으로 제안하였다. 그는 읽기란 활자에 눈을 고정시키는 것으로 시작하여 문자를 하나씩 순서대로 인식하면서 단어의 의미를 확인하고, 이보다 점차 큰 단위인 구, 문장, 단락, 문서 등의 의미를 차례대로 파악하는 순차적인 상향식 정보처리 과정이라고 하였다.

상향식 읽기 과정 모형은 시각적 또는 청각적 기억에서 출발하여 의미가 형성된다는 모형으로, 읽기 지도는 문자, 어휘, 문법과 같은 언어지식에 중심을 둔다. 그러면 자연스럽게 단어를 통해 문서의 의미를 파악하게 되어 읽기가 된다는 것이다.

상향식 읽기 과정 모형에서는 자신이 알고 있는 배경지식을 고려하지 않고 언어지식만을 강조하기 때문에 읽기 능력이 낮은 사람에게 적합하다. 이 모형은 독자의 선험적 지식이나 내면을 소홀히 하므로 보다 숙달된 독자의 읽기 과정을 명쾌하게 기술하지 못한다.

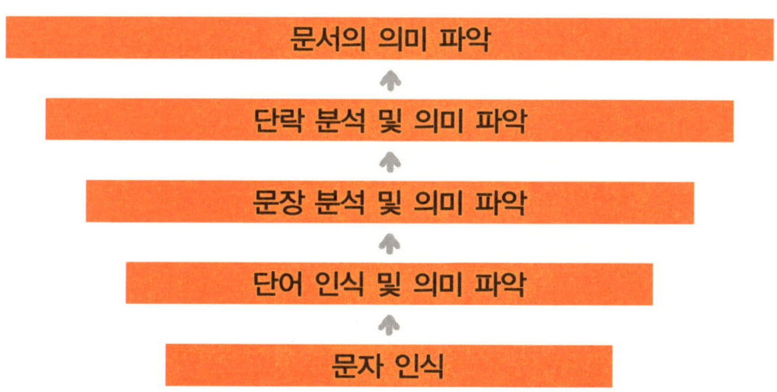

[그림 1-1] Gough(1972)의 상향식 읽기 과정 모형

하향식 읽기 과정 모형

하향식 읽기 과정 모형은 세상에 관한 일반적 배경지식이나 언어지식을 활용함으로써 문자의 의존도를 낮춘 모형이다. 이 모형에서는 예측, 표집, 확인, 수정의 4단계를 거치며 독해를 하게 된다. 즉, 배경지식을 바탕으로 하여 문서에 어떤 내용이 포함되어 있는지 예측하고, 단어와 단락에서 충분한 활자 자료만 표집하며, 표집을 근거로 자신의 예측이 맞는지 확인하는 과정을 거친다. 만약 표집한 자료의 내용이 자신의 예측과 일치하지 않을 경우에는 예측을 수정한다. 이런 관점은 읽기에서 일반적인 배경지식의 중요성이 강조되어 미리 읽기와 상상하기는 읽기 능력에 도움을 준다. 그러나 예측하는 데 필요한 시간이 단순히 단어를 인식하는 데 필요한 시간보다 훨씬 더 많이 필요하므로 읽기 능력이 낮은 사람에게는 적합하지 않다.

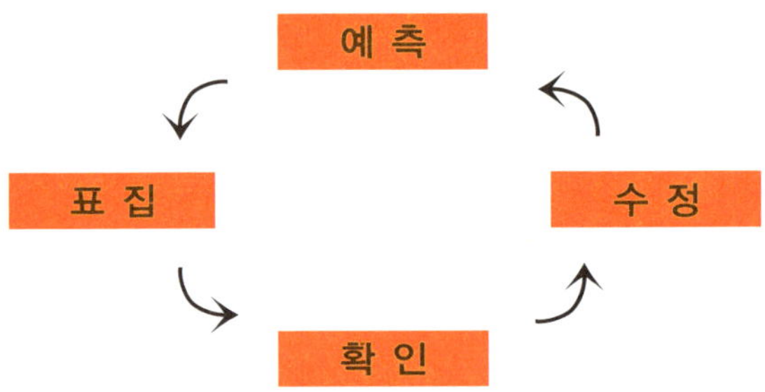

[그림 1-2] 하향식 읽기 과정 모형

상호작용 읽기 과정 모형

상호작용 읽기 과정 모형은 이미 가지고 있는 배경지식을 인정하여 하향식 읽기 과정 모형을 찬성하면서 언어지식도 인정함으로써 하향식과 상향식 두 모형의 상호 보완을 주장한다. 즉, 배경지식과 언어지식을 가지고 활자 정보를 보고 독자가 의미를 도출한다

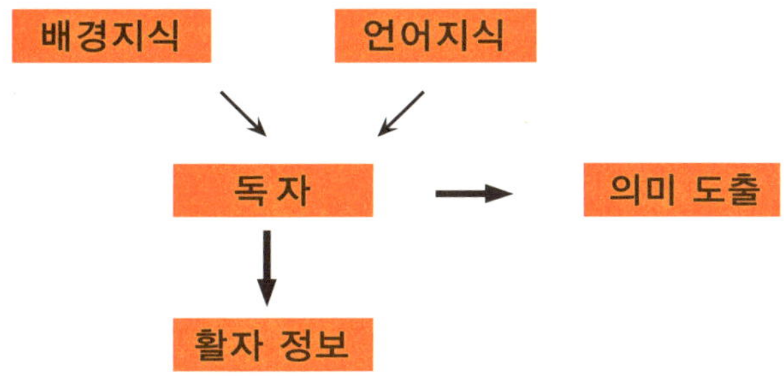

[그림 1-3] 상호작용 읽기 과정 모형

는 것이다.

이 모형에 따르면 언어지식이 부족한 경우에는 통사적 또는 의미적 지식을 사용하여 이를 보완할 수 있고, 언어지식이 부족한 경우에는 자신의 풍부한 배경지식을 활용하여 이를 극복할 수 있다. 이런 관점에서 보면, 왜 능숙한 독자일수록 더 빨리, 더 정확하게 글의 내용을 파악하고 기억할 수 있는지에 대한 적절한 대답을 찾을 수 있다.

상호작용 읽기 과정 모형에서 읽기는 이해와 사전지식의 상호작용이며, 이 과정에서 독자는 여러 사전지식을 사용하여 의미를 파악하려고 노력하는 것이다.

결과적으로 모형별로 차이는 있지만 상향식 읽기 과정 모형에서는 언어지식을 중시하고, 하향식 읽기 과정 모형에서는 배경지식을 중시하며, 상호작용 읽기 과정 모형에서는 두 가지 모두를 중시한다. 읽기 능력을 높이려면 배경지식이나 언어지식을 쌓는 것이 중요하다. 따라서 배경지식을 넓히기 위해서는 다양한 경험이나 외부 자극이 필요하며, 언어지식을 높이기 위해서는 어렸을 때부터 책을 접할 수 있는 기회나 이야기 들려주기, 책 읽어 주기가 매우 효과적이라는 것을 알 수 있다.

읽기 능력 = 배경지식 + 언어지식

5 독서, 우리 아이의 인생을 바꾼다

읽기가 중요하다고 해서 독서를 버리라는 말은 아니다. 옛말에 책 속에 길이 있고 독서가 곧 성공이라는 말이 있다. 책 속에 인생을 사는 지혜가 있고, 책을 읽으면 성공한다는 뜻이다. 그러나 우리는 독서를 단순히 여가를 즐기는 문화 활동의 하나로 생각하고 공부에 비해 독서를 상대적으로 가볍게 생각하는 경향이 있다. 그래서 부모들은 자녀가 책을 읽지 않는 것에 대해서는 크게 불평하지 않지만 공부를 하지 않는 것에 대해서는 불안해한다. 심지어는 자녀가 책을 읽기보다는 공부하기를 권하는 부모도 있다. 이는 공부도 책을 읽는 것이며, 독서의 한 부분인 것을 모르기 때문이다.

실제로 독서의 효과는 정말 놀라울 정도다. 인류의 역사나 개인의 발전은 책이 이끌어왔다고 해도 과언이 아니다. 세계 최고의 갑부인 마이크로 소프트의 빌 게이츠도 동네의 작은 도서관이 지금의 나를 만들었다고 하면서 독서의 중요성을 강조하였다. 인생의 밑바닥에서 시작해 가장 성공한 여성으로 손꼽히는 토크쇼의 여왕 오프라 윈프리도 독서 때문에 지금처럼 성공할 수 있었다고 한다.

그런데 해가 갈수록 우리의 독서 인구는 줄어 들고 있는 실정이다. 텔레비전의 대량 보급에 이어 인터넷의 급속한 확산에도 원인이 있겠지만, 문제는 독서 환경이 열악하고 독서에 대한 관심도가 갈수록 떨어지고 있다는 점이다.

미국의 다국적 여론조사기관인 NOP가 전 세계 30개국을 대상으로 주당 독서시간을 조사한 결과, 우리나라 사람이 가장 책을 읽지 않는 것으로 나타났다고 한다. 독서시간도 30개국의 평균치인 6.5시간의 절반에도 못 미쳐 조사대상 국가 중 불명예스러운 꼴찌로 나타났다. 참으로 부끄러운 이야기다.

독서 인구와 독서시간이 떨어지는 것을 불경기 탓으로 돌릴 수 있다. 전반적으로 국가의 경기가 좋지 않기 때문에 출판계가 극심한 불황을 겪은 것으로 치부해 보자. 그러나 일본은 불황기일수록 책이 많이 팔린다고 하니 우리나라와는 대조적이다. 일본은 불경기를 벗어나려면 공부를 해야 한다는 것이 사회의 전반적인 가치이기 때문에 독서가 증가하고 학원이나 평생교육원의 수강생이 많아진다. 그러나 우리는 불황기일수록 학원이나 평생교육원의 수강생이 적어지고 독서량도 줄어 든다.

독서는 습관이지 계몽이나 교육으로 되는 것이 아니다. 독서는 자신의 생존과 성취 욕구와 향상을 위해서 영혼의 비타민처럼 필수적이라는 인식이 있어야 한다. 따라서 독서는 어릴 때부터 습관화되어야 한다. 어린 시절에 독서 습관을 길러 주는 것은 교사나 부모의 절대적인 책임이자 과제다. 그러기 위해서는 부모가 먼저 책을 읽는 모범을 보여야 한다. 부모가 유흥 따위로 밤을 새우는 모습을 보면 아이들은 그대로 따라하게 된다. 하물며 부모가 꿈을 갖지 않으면 아이들도 꿈을 갖지 않는다. 따라서 아이들의 독서 습관을 형성하기 위해서는 부모가 책을 읽는 모습을 꾸준히 보여 주어야 한다. 그래야 성인이 되어서도 책을 읽는 독서 습관이 형성된다.

독서가 필요한 이유를 보면 다음과 같다.

지식과 새로운 정보를 얻는다

현대를 지식정보화 사회라고 한다. 지식정보화 사회에서는 지식이 매일 새롭게 만들어져 하루가 멀다 하고 새로운 지식이나 이론들이 쏟아져 홍수처럼 밀려 넘치고 있다. 이와 같이 수많은 지식 중에서 자신에게 필요한 지식을 선별하는 것과 세상을 살아가기 위한 폭넓은 교양을 갖추는 것은 쉬운 일이 아니다. 따라서 현대의 바쁜 생활 속에서 나에게 필요한 정보를 습득하기 위해서는 무엇보다 독서가 최선의 방법이 된다. 결국 수많은 자료 중에서 내가 필요한 정보를 갖기 위해서는 독서 능력이 반드시 필요하다. 독서란 자신이 필요한 정보를 찾고 그것을 바탕으로 인생을 헤쳐 나갈 풍부한 지식을 만드는 것이기 때문이다.

언어 사용 능력을 증가시켜 준다

독서를 하기 위해서는 글을 읽을 줄 알아야 할 뿐만 아니라 단어를 많이 알아야 하고, 글을 읽어도 뜻을 파악하기 위해서는 단어의 개념을 정확히 알아야 한다. 이는 읽는 데만 사용되는 것이 아니라 책을 읽게 되면 풍부한 어휘력이나 문장력이 생겨서 말하거나 글을 쓰는 데도 도움이 된다. 따라서 독서를 할수록 글을 읽는 것은 물론이고 단어의 뜻을 알게 됨으로써 언어 사용 능력이 증가한다.

간접 경험을 확대시켜 준다

세상의 모든 일을 직접 경험하는 것은 불가능하다. 이때 독서는 한정된 시간과 공간에서도 다양한 세계를 간접적으로 경험할 수 있게 해 준다. 따라서 독자는 역사나 다른 나라의 문화, 생활방식과 가치관에 대해서 폭넓고 깊이 있게 간접 체험을 할 수 있다.

사고력과 상상력을 길러 준다

독서는 책에서 다양한 사람들의 판단과 생각을 보게 하고, 이를 통해서 독자가 내면화하는 과정에서 생각하는 힘을 얻게 해 준다. 그뿐만 아니라 책의 내용을 바탕으로 하여 현재 전개되는 상황에서 대처하는 방법이나 미래를 유추하게 함으로써 상상력을 길러 준다.

기쁨과 즐거움을 얻는다

재미있는 책은 우리에게 기쁨을 주기도 하는데, 독서를 하며 원하는 정보를 얻었을 때 즐거움을 느낄 수 있다.

정서를 함양시켜 준다

책은 우리가 일상생활에서 느낄 수 있는 다양한 감정을 보여 줌으로써 진정한 삶의 가치를 인식하게 하고, 이를 통해 정서가 함양된다.

감동을 느끼게 한다

독서를 함으로써 다양한 사람의 삶 속에서 자신이 찾던 공감대나 위안을 얻으며 감동을 느끼게 된다. 이러한 감동은 생활의 활력소가 되어 인생을 풍요롭게 한다.

정신적으로 성숙한다

독서를 함으로써 다양한 정보를 습득하여 교양을 넓힐 뿐만 아니라, 인생을 살아가는 방법을 배워 훌륭한 인격을 갖추고 성숙한 삶을 살아가는 바람직한 인격 수양에 도움이 된다. 이러한 교양과 인격의 수양은 독자의 정신적인 성숙을 가져온다. 따라서 육체적 · 정신적 성장의 시기에 있는 청소년들에게 미치는 독서의 영향력은 지대하다.

문제 해결력이 길러진다

독서를 통해서 다양한 지식이나 간접 경험을 해 볼 수 있고, 일상생활에서 문제에 부딪혔을 때 스스로 이를 극복해 나갈 수 있는 문제해결력을 기를 수 있다.

여가 선용의 장을 마련해 준다

독서는 여가를 낭비하지 않고 생산적인 것으로 만들어 준다. 독서를 통해서 민주시민으로서 지녀야 할 교양과 건전한 취미생활, 자아 성장의 바탕을 기를 수 있기 때문에 건전한 여가생활을 즐길 수 있다.

6 읽기 능력, 초등학교 때부터 길러야 한다

읽기 능력은 지능처럼 유전적으로나 환경적으로 결정되는 것은 아니지만, 그렇다고 학습 능력만큼 습득하는 대로 나아지는 것도 아니다. 읽기 능력은 지능과 학습 능력의 중간적 성격으로, 읽기 능력 발달에 영향을 주는 요인에는 지능, 생리적 · 심리적 요인, 흥미, 경험, 성격적 · 교육적 · 환경적 요인 등 다양한 요소가 있다.

읽기 능력이 형성되면 학습 능력은 읽기 능력을 기초로 하여 향상되고, 향상된 학습 능력은 읽기 능력을 다시 향상시킨다. 이러한 과정에서 읽기 능력은 점차 체계화되어 전체적으로 발달한다. 다시 말해, 읽기 능력은 학습 능력을 갖는 데 기초적인 배경이 되는 동시에 학습 능력으로 인해 읽기 능력이 향상되기도 한다.

일반적으로 읽기 능력은 연령과 학년이 높아지면서 점진적으로 발달해 가지만 구체적으로는 지능, 생리적 · 심리적 요인, 흥미, 경험, 성격적 요인, 교육적 · 환경적 요인 등이 영향을 주어 형성된다. 인간의 독서 능력 발달을 발달 단계별로 분류한 전문가가 많은데 이 중에서 대표적인 이론을 알아보면 다음과 같다.

미국의 Chall은 5~7세 아동은 읽기에서 단어에 대한 발음을 익히는 데 집중하고, 7~9세는 읽기를 통해서 단어를 이해하고 의미를 파악할 수 있게 된다고 하였다. 또한 그는 7~9세에 읽기 능력이 형성되지 않으면 읽기 부진아가 되어 학습을 수행하기 어렵고, 지능이 낮으면 난독증(책을 읽지 못하는 증상) 또는 읽기장애 현상이 나타난다고 하였다.

국어교육학 박사인 천경록은 Chall이 구분한 발달 단계와 우리나라의 국민공통기본

교육과정을 고려하여 고안한 독서 능력 발달 단계를 제시하면서 초등학교 1~2학년은 독서에 입문하는 시기로 글자를 읽는 단계이고, 초등학교 3~4학년은 해독(단어나 문구를 읽어 이해하거나 해석함)에서 독해(글을 읽어 뜻을 이해함)로 나아가는 시기이며, 초등학교 5~6학년은 책을 읽으면서 사고 기능(분석, 판단, 비교, 종합, 탐구 등)을 익히는 단계로 보았다.

현재 우리나라 초등학교 교과과정을 살펴보면, 초등학교 2학년 국어 교과서에 읽기의 중요성에 대해서 나와 있다. 결국 이러한 이론적 기반을 종합해 보면 아이의 읽기 능력 발달을 위해서는 독서 입문기인 초등학교 1~2학년 때부터 독서 습관이 자리를 잡을 수 있도록 지도하는 것이 늦지 않고 가장 효과적임을 알 수 있다.

〈표 1-2〉 독서 능력 발달 단계(천경록, 1999)

단 계	시 기	주요 특징
독서 맹아기	출생 ~ 유치원	음성언어 시기, 읽기 이전 시기
독서 입문기	초등 저학년(1~2학년)	문자 지각, 해독, 자소-음소관계 파악, 음독, 독서학습의 시기
기초 기능기	초등 중학년(3~4학년}	기초 기능 발달, 낭독, 음독과 묵독의 과도기, 학습 독서의 시작
기초 독해기	초등 고학년(5~6학년)	기초 기능 숙달, 묵독, 기초 독해 기능, 학습 독서의 시기, 의미 중심의 글 읽기
고급 독해기	중학 1, 2학년(7~8학년)	추론, 글의 구조 파악, 작가의 관점 파악 및 비판
독서 전략기	중학 3~고등 1학년 (9~10학년)	초인지, 독서전략 구사, 독자와 작자의 사회적 상호작용임을 이해
독서 독립기	고등 2학년 이후	교양, 학문, 직업세계의 독서, 상호작용 모형

1 초등학교 입학 전까지는 다양한 글을 읽어 주라 39

2 초등학교 1~2학년에는 함께 참여하는 읽기를 하라 40

3 초등학교 3~4학년에는 의미 중심의 글 읽기를 지도하라 49

4 초등학교 5~6학년에는 초급의 사고 기능을 갖도록 지도하라 50

2 초등학교 발달 단계별로 읽기를 달리하라

2

초등학교 발달 단계별로 읽기를 달리하라

읽기는 아이들에게 똑같은 방법으로 적용하기보다 발달단계에 따라서 다르게 적용해야 한다. 발달단계에 따라 아이의 능력에 맞는 읽기 훈련을 하면 읽기 능력이 향상되지만, 발달단계나 아이의 능력을 무시한 읽기 훈련은 오히려 아이들에게 읽기에 대한 부정적인 생각을 심어 준다. 천경록(1999)과 손정표(1985)는 다음과 같이 독서 능력 발달 과정을 분류하고 연령이나 학년, 발달 특징에 따라 읽기 훈련을 지도해야 한다고 주장하였다.

1 초등학교 입학 전까지는 다양한 글을 읽어 주라

독서 맹아기는 전독서기라고도 하는데, 글을 읽기 이전 단계로 주로 음성언어를 사용한다. 이 단계는 독서에 필요한 심리적 · 생리적 요인이 발달하는 시기이므로 외부적인 자극이 다양하게 주어질수록 좋다. 영유아일 때는 부모가 읽어 주는 전래동화나 그림책, 또는 컴퓨터나 라디오, 텔레비전 같은 매체에서 보고 듣는 것들이 언어발달에 영향을 미치게 된다. 글을 읽을 수 있는 아이는 전래동화나 그림책을 스스로 읽게 하고 다양한 매체에 자주 노출시킬수록 언어 능력이 발달한다. 따라서 독립적으로 전래동화나 그림책을 읽을 수 없는 아이들의 읽기 능력을 향상시키기 위해서는 부모의 지도가 매우 중요하다.

독서 맹아기(출생 ~ 유치원)의 읽기 능력 향상 전략

영유아일 때는 전래동화, 그림책을 부모가 읽어 줌

글을 읽을 수 있는 아이에게는 전래동책, 그림책을 스스로 읽게 함

컴퓨터나 라디오, 텔레비전과 같은 매체에서 자주 보고 듣게 함

2 초등학교 1~2학년에는 함께 참여하는 읽기를 하라

이 시기는 독서 입문기(초등학교 1학년)와 초보 독서기(초등학교 2학년)로 나누기도 하며, 문자를 지각하고 해독할 줄 알고, 음독의 중요성과 글자와 소리의 일정한 관계를 알게 되면서 읽기 능력이 형성되는 시기다. 말을 바르게 인지하고, 간단한 문장을 읽을 수 있으며, 친근하지 않는 단어의 의미와 발음에 대한 초보적인 기술을 익혀 가는 시기로 자기 혼자서도 독서에 흥미를 갖는다. 이 시기는 음성언어에서 문자언어로 나아가는 단계로 글로도 의사소통을 할 수 있다는 것을 깨닫게 된다. 또한 기초적인 기능이나 습관이 완성되어 주의를 집중하여 책을 읽을 수 있고, 바르게 이해하면서 어느 정도 빠른 속도로 읽어 나가게 된다.

이 시기의 아이는 수동적으로 듣는 형태보다는 함께 참여하는 읽기가 필요하다. 또한 글자 읽기의 학습도 중요한 시기로서 시범적으로 읽어 주기, 손으로 문장을 짚어 가면서 읽기, 쉬어 가면서 읽기, 글의 중간중간을 가리고 읽기 등의 단계로 재미있게 글자 읽기를 지도하면 읽기 능력 중에서 판단력이나 추리력이 높아진다.

독서 입문기(초등학교 1~2학년)의 읽기 능력 향상 전략

- 수동적으로 듣는 형태보다는 함께 참여하여 읽기
- 시범적으로 읽어 주기
- 손으로 문장을 짚어 가면서 읽기
- 쉬어 가면서 읽기
- 글의 중간중간을 가리고 읽기

초등학교 저학년은 아직 읽기 능력이나 읽기 습관이 정착되어 있지 않다. 이 같은 상태에서 고학년이 되면 학습이 진행될수록 읽기 능력이 부족하여 점차 수업을 따라가기가 어려워지고 결국에는 뒤처지는 학생이 되기 쉽다. 따라서 초등학교 저학년 때 읽기 능력을 높이고 읽기 습관을 형성하는 것이 매우 중요한데 이는 결코 쉬운 일이 아니다.

초등학교 저학년 아이의 읽기 습관을 바람직하게 형성하고 올바른 판단력과 비판력을 기르기 위해서는 읽기 자료를 효율적으로 사용하는 것이 좋다. 이를 통해 아이의 읽기 능력을 키우고, 읽기 습관을 바로잡아 줄 수 있다. 읽기 자료라는 것은 이야기 읽어 주기, 읽고 나서 느낀 점 감상화로 그리기, 독서 감상문 쓰기, 그림 보고 이야기 꾸미기, 이야기 지도, 책 제목으로 끝말 이어 가기, 책 속에 나온 낱말로 짧은 글 짓기, 사건의 순서에 맞게 말하기, 재미있는 말 찾기 등이 있다.

초등학교 1~2학년 아이에게 읽기 자료를 효과적으로 활용하는 방법은 다음과 같다.

이야기 들려주기를 통해 상상력을 키워 주어라

글을 읽는 능력이 부족한 아이가 읽기의 기초를 터득하게 하는 가장 쉬운 방법이 바로 이야기 들려주기다. 이야기 들려주기는 전통적인 방법으로 엄마가 아이들에게 애정을 담아 책을 읽어 주므로 흥미를 불러일으킨다. 이야기 들려주기는 부모와 듣는 아이의 마음과 정신의 교류를 통하여 읽기를 모르거나 읽기 능력이 부족한 아이에게 상상력을 길러 주는 데 효과적이다. 특히 이야기 들려주기는 본격적인 읽기를 시작하기 이전의 아이와 활자에 충분히 익숙하지 못한 아이의 읽기 능력을 향상시키는 방법이다.

이야기 들려주기의 효과

이야기 들려주기는 글자에 대한 저항을 제거해 줄 뿐만 아니라, 글을 읽는 것에 대한 관심과 글을 읽어야겠다는 동기 유발에 효과가 있다. 또한 이야기 들려주기를 통해 아이는 학교 수업 시간에 집중을 잘하게 되고, 학습 내용을 이해하는 데도 도움이 된다. 또한 이야기를 듣는 동안 아이는 상상력과 어휘력이 발달하고 언어 사용 능력이 신장된다. 아이가 읽기를 좋아하느냐 아니냐는 얼마나 이야기를 많이 듣고 자랐느냐에 달려 있다. 아이들이 이야기를 들으면서 즐거움을 느끼는 것은 아이가 읽기 능력의 기초를 형성하는 데 중요한 역할을 담당한다. 따라서 이야기 들려주기는 이야기에 대한 흥미를 자극하고 독서에 대한 흥미를 유발하여 책과 접할 수 있는 계기를 만들어 준다.

이야기 들려주기의 소재

- 전설, 민담, 신화, 옛날이야기 등 흥미 있는 것을 선택한다.
- 아이들이 관심을 가질 만한 우리 생활 주변의 일을 이야기한다.
- 비교적 등장인물이 적고 내용이 분명한 것을 선택한다.
- 단순한 반복이 많고 이야기가 풍성한 것을 선택한다.

이야기 들려주기 지도 방법

이야기 들려주기의 효과는 이야기 하는 사람에 따라, 목소리에 따라, 이야기의 전개에 따라 미묘한 차이가 있다. 특히 이야기를 할 때 구연동화로 하거나 화술이 좋으면 아이들의 집중도가 높아지고 효과도 커진다. 이야기를 잘하기 위해서는 다음과 같은 점을 고려해야 한다.

- 아이들이 좋아하는 소재를 잘 선택한다.
- 이야기를 들려줄 환경이 조성되어야 한다.
- 이야기를 해주는 사람은 이야기를 충분히 알고 있어야 한다.
- 이야기할 때는 이야기에 몰입해서 진짜처럼 한다.
- 편안하고 재미있는 이야기를 선정한다.
- 이야기가 보이는 것처럼 구체적으로 설명 한다.
- 간결하고 시종일관 성실하게 이야기한다.
- 이야기가 지니고 있는 감칠맛을 살려서 이야기한다.

읽어 주기 좋은 재미있는 이야기

책 제목	출판사	내 용
책 먹는 여우	주니어김영사	책 먹는 여우의 행복한 책 읽기
나쁜 어린이 표	웅진주니어	하는 일마다 꼬이고 별로 잘못하지도 않은 것 같은데 자꾸 꾸중을 듣는 아이의 마음을 그려 낸 생활 동화
10원으로 배우는 경제 이야기	영교출판	7~10세 아이들이 꼭 알아야 할 경제상식을 쉽고 재미있게 설명한 책
신나는 열두 달 명절 이야기	주니어랜덤	그냥 쉽게 지나가 버리기에는 너무나 아까운 우리의 소중한 전통 명절 이야기 책
가방 들어 주는 아이	사계절	장애를 소재로 다룬 작품들이 대부분 '장애인의 고통'에 초점을 맞추었다면, 이 책은 '주변인의 고통'에 더 중심을 두어 관점의 변화를 시도
행복한 청소부	풀빛	독일의 거리 표지판을 닦으며 즐겁게 일하는 청소부 아저씨의 이야기
아낌없이 주는 나무	시공주니어	누구나 알고 있듯이 진정한 사랑이 무엇인지 일깨워 주는 나무의 아름다운 이야기

책 읽어 주기를 통해 읽기 능력을 신장시켜라

책 읽어 주기는 부모가 직접 책을 읽어 주는 것이기 때문에 비교적 쉽게 실시할 수 있으며 개인적인 기술도 크게 필요없다. 책 읽어 주기는 아직 읽기 능력이 충분하지 못한 아이의 읽기 능력을 향상시키는 목적으로 활용한다.

책 읽어 주기의 효과

책 읽어 주기는 책의 활자를 생생하게 이미지화하고 상상력을 길러 줄 수 있다. 독서는 수동적이라 할 수 있지만 읽어 주기는 읽어 주는 사람의 감정과 풍부한 경험을 바탕으로 하기 때문에 적극적으로 아이를 동참시킬 수 있다. 활자를 생동감 있게 읽어 줌으로써 책에 대하여 흥미와 관심을 가지게 할 수 있고 어휘력 개발뿐만 아니라 읽기 능력을 신장시키는 데 많은 도움을 준다.

책 읽어 주기의 소재

- 이솝우화나 전래동화
- 아이가 좋아하는 책을 읽어 준다.

책 읽어 주기 방법

- 아이들의 개인차가 있으므로 부모는 아이의 수준과 성향에 따라 읽는 속도를 조절한다.
- 아이가 주의 깊게 듣고 있는지 계속 확인하면서 아이가 지루해하지 않도록 배려하면서 읽어 준다.
- 흥미를 자극하고 극대화하기 위해 읽어 주면서 적절한 질문을 한다.
- 생각을 억지로 강요하지 않는다.

• 질문과 응답 시간이 너무 길어 진행에 방해가 되지 않도록 한다.

읽어 주면서 질문할 내용

가장 재미있는 것은 무엇이지?
왜 재미있지?
왜 좋지?
가장 마음에 드는 인물은 누구니?
그 사람이 왜 마음에 드니?
다음에 어떤 이야기가 나오면 좋을까?
가장 생각나는 장면은 무엇이니?
이야기를 듣고 마음속에 무슨 생각이 나니?
그다음은 어떻게 될 것 같아?
지금 어떤 느낌이야?

독서 감상화 그리기를 통해 읽기를 즐기도록 하라

독서 감상화 그리기는 읽은 내용 중에서 재미있었거나 인상적인 부분을 그림으로 표현하게 하는 것이다. 독서 감상화 그리기는 글쓰기 능력이 부족한 학생이 부담을 느끼지 않고 즐거운 마음으로 할 수 있다는 장점을 가지고 있다.

독서 감상화의 효과

독서 후 자신의 생각을 그림이라는 수단으로 표현함으로써 보다 흥미로운 독서를 할 수 있을 뿐만 아니라 그 감동도 오래 간직할 수 있다. 상상력을 자극하고 창의력을 계발하여 아이의 감성이 풍부해지도록 만든다.

독서 감상화 지도 방법

아이의 발달 특성에 맞는 독서 감상화 지도가 필요하다. 즉, 발달 수준이 높은 아이는 고급 감상화를 그리도록 지도하고, 발달 수준이 낮은 아이는 간단한 감상화를 그리도록 지도한다.

- 읽고 난 글의 주인공 그리기
- 책표지 보고 따라 그리기
- 재미있게 읽은 부분의 삽화를 보고 따라 그리기

독서 감상화 그리기 방법

가장 기억에 남는 장면이나 재미있었던 장면에 대해 질문하고 대답하면서 대화를 나눈다. 유의할 점은, 그리기에 지나치게 치중하면 아이들이 감상화에 부담을 느껴 독서를 기피하는 현상이 나타나므로 부모의 세심하고 자상한 보살핌이 필요하다는 것이다. 아이들이 부담 없이 즐거운 마음으로 감상화 그리기에 참여할 수 있어야 하고, 원래의 목적을 달성하기 위해서는 강제적이고 의무적인 것이 되지 않도록 해야 한다.

독서 감상화를 그리면서 질문할 내용
주인공은 누구지?
가장 기억에 남는 장면은 뭐야?
가장 재미있었던 장면은 뭐야?
왜 그 장면이 기억에 남지?

독서 감상문 쓰기로 생각하는 능력을 길러 주라

독서 감상문 쓰기는 책을 읽고 난 후의 감정을 쓰는 것이다. 독서 감상문이라고 해서 완벽한 산문처럼 작성하게 하는 것이 아니라 간단한 주제를 주고 쉽게 쓰도록 해야 아이들이 부담을 느끼지 않는다. 부모는 쉬운 주제로 지속적인 칭찬과 격려를 해 주어 아이가 자아성취감을 느끼게 하고 생각하는 능력을 키우도록 하는 것이 중요하다. 독서 감상문 쓰기는 글로 표현하는 것을 좋아하는 아이들에게는 글로 쓰게 하고, 문자를 완전히 터득하지 못한 아이들에게는 힘든 활동이므로 구두로 표현하게 한다.

독서 감상문의 효과

책을 읽은 후 자신의 생각을 정리하여 글이나 말로 표현하게 함으로써 글을 읽으면서 의미를 이해하고 개념을 형성하는 습관을 길러 주고, 비판적인 읽기 습관이 생기도록 한다.

독서 감상문 지도 방법

먼저 느낌을 문장으로 표현하는 훈련을 시킨다. 부모가 느낌을 표현하기에 좋은 이야기 자료를 선정해 읽어 주고 나서 아이들 마음속에 어떤 생각이 드는지를 질문한다. 기쁘다, 슬프다, 행복하다, 나쁘다 등의 형용사를 사용해 문장을 마음대로 표현할 수 있도록 학습시킨다. 아이들이 책을 읽고 줄거리와 느낌을 표현하는 훈련이 어느 정도 이루어지면 독서 감상문을 써 보도록 한다. 1학년 아이에게 적합한 양식은 그림과 글을 함께 나타내는 것이다. 위에는 그림을 그리고 아래에는 글씨를 쓰는 네모 칸이 그려진 양식에 그림에 관한 이야기와 느낌을 간단히 기록한다. 독서 감상문 쓰기를 한 후 독서 감상문을 발표하는 시간을 가지면 아이들 간의 개인차는 크게 드러나지만 참여율을 높일 수 있다.

독서 감상문의 소재

- 책이나 교과서를 읽고 줄거리 적기
- 읽은 내용을 정리해서 간추리기
- 책을 읽은 느낌 적기
- 글의 주인공에 대하여 평가하기
- 가장 기억에 남는 장면에 대해 설명하기
- 가장 재미있었던 장면에 대해 설명하기

읽기로 상상력을 키워 주라

읽기를 통해서 아이의 상상력을 키워 주는 것은 매우 중요하다. 글을 읽으면서 아이의 상상력을 자극하는 질문을 하는 것도 좋지만 책에 수록된 그림을 보면서 이야기를 꾸미거나, 책 제목만 보고 끝말을 이어가거나 책 속에 나온 낱말로 짧은 글을 지어 보는 것도 아이의 상상력을 키우는 데 도움이 된다.

그림을 보고 이야기 꾸미기

그림을 보고 이야기 꾸미기는 책에 나오는 그림을 보고 이야기를 만들어 발표하게 하는 것으로 아이들이 생각을 자유롭게 표현하면서 상상력과 언어 사용력을 신장시키는 기회가 된다. 그림 보고 이야기 꾸미기는 책이 주는 딱딱한 이미지를 벗고, 친근한 상상을 통해 내용을 이해하고 줄거리도 상상해 보는 활동으로 읽기에 대한 흥미를 유발시킨다.

책 제목으로 끝말 이어 가기

책 제목으로 끝말 이어가기는 말 그대로 책에 나와 있는 소제목을 이용하여 끝말을 이어가는 활동이다. 끝말 이어가기는 쉽고 재미있기 때문에 모든 아이가 적극적으로 참여할 수 있다. 특히 문자를 완전히 해독하지 못한 아이들에게 칭찬과 용기를 줄 수 있는 방법으로 아이들에게 자신감을 길러 줄 수 있다.

책을 읽기 전에 흥미 유발을 위해 실시하거나 읽은 후에 실시해도 좋다. 이 같은 활동은 어휘 사용 능력을 신장시키고 협동심을 키운다.

책 속에 나온 낱말로 짧은 글짓기

책 속에 나온 낱말로 짧은 글짓기는 낱말의 이해를 높이고 자연스러운 작문 능력 향상에 도움을 준다. 읽기를 통해 언어의 규칙을 자연스럽게 익힐 수 있어 언어 사용 능력 신장에 효과적인 활동이다.

3 초등학교 3~4학년은 의미 중심의 글 읽기를 지도하라

이 시기는 해독(단어나 문구를 읽어 이해하거나 해석함)에서 독해(글을 읽어 뜻을 이해함)로 나아가면서 독서의 기초 기능을 익히는 시기다. 이해력이나 속도가 증가하고 독서 기술이 발달하여 긴 문장을 의미 단위로 끊어 읽는다. 학습 독서가 시작되는 시기이며, 묵독이 중심이 되는 의미 중심의 글 읽기를 시작하는 단계다. 이때는 글을 읽고 나서 의미를 찾거나, 중심 글을 찾거나, 주제를 말하는 연습을 지도하면 읽기 능력이 향상된다.

기초 기능기(초등학교 3~4학년)의 읽기 능력 향상 전략

〈학습 독서가 시작되는 시기로 의미 중심의 글 읽기를 시작하는 단계〉

글을 읽고 나서 의미 파악하기

글을 읽고 나서 중심 생각 찾기

글을 읽고 나서 주제 말하기

글을 읽고 나서 생각 정리하기

4 초등학교 5~6학년에는 초급의 사고 기능을 갖도록 지도하라

이 시기는 글을 읽고 기초적인 사고를 할 수 있는 단계로 초급의 사고 기능을 익히는 시기다. 이 시기의 아이들은 글을 읽고 그 글의 내용 평가와 감상 및 속독과 정독이 가능하다. 이때는 글을 읽고 글에서 표현하는 사실과 자신의 의견을 구분, 읽은 정보를 요약, 생략된 정보를 추론, 이어질 내용을 예측, 글에서 비유한 표현의 의미를 이해, 표현의 적절성을 판단하는 등의 기초 독해 기능을 길러 주어야 한다.

기초 독해기(초등학교 5~6학년)의 읽기 능력 향상 전략

〈기초 독해 기능을 기르는 단계〉

글에서 표현하는 사실과 자신의 의견 구분하기

읽은 정보 요약하기

글을 읽고 나서 중심 생각 찾기

생략된 정보 추론하기

이어질 내용 예측하기

글에서 비유한 표현의 의미 이해하기

표현의 적절성 판단하기

1 먼저 책을 잘 선택하라 55

2 용도에 따라 읽기를 달리하라 57

3 글의 목적에 따라 읽기 방법을 달리하라 59

4 장르별로 읽기 방법을 달리하라 61

5 독해 전략(SQ3R)에 따라 읽어라 65

활동지 67

3 읽기에도 원리가 있다

3

읽기에도
원리가 있다

원리는 사물의 근본이 되는 이치를 말하는 것으로서 어떤 것을 하기 위한 기초라고 볼 수 있다. 따라서 무엇이든 원리를 알면 쉽지만 원리를 모르면 어렵기 그지없다. 읽기도 무조건 하는 것이 아니라 원리가 있다. 원리를 알면 읽는 것에 대한 부담이 없고 읽은 것이 다 내 것이 되지만, 원리를 모르면 읽는 것이 부담스러워지고 읽어도 무슨 내용인지 제대로 파악하지 못한다.

그렇다고 읽기 원리가 생소한 것은 아니다. 우리가 생활하면서 간과하기 쉬운 작은 것들이지만 읽기 현장에서 적용한다면 읽기는 결코 어려운 게 아니다. 읽기의 원리에서 첫 번째는 먼저 책을 잘 선택하는 것이다. 책을 선택하고 나면 그에 따라 용도별, 글의 목적별, 장르별로 읽는 방법을 달리해야 하며, 독해 전략에 따라 읽어야 한다.

1 먼저 책을 잘 선택하라

읽기를 잘하기 위해서는 우선 책을 잘 선택해야 한다. 책을 잘못 선택하면 오히려 아이들의 흥미나 책을 읽으려는 동기를 떨어뜨리게 된다. 따라서 읽기를 잘 하게 하는 데 무엇보다 중요한 것이 책의 선택이다. 다음은 책을 선택하는 방법은에 대한 설명이다.

재미있는 책을 선택한다

독서에 관심을 가지고 지속적으로 책을 읽게 하기 위해서는 어렵고 딱딱한 책보다는 쉽고 재미있는 책을 선택하는 것이 좋다.

구체적인 것을 제시하는 책을 선택한다

초등학교 고학년이 되어야 추상적 사고를 할 수 있기 때문에 구체적으로 상상하거나 삶의 모습을 그린 책을 선택해야 아이들이 재미를 느끼고, 올바른 삶의 방향도 제시해 줄 수 있다.

역사를 바르게 인식할 수 있는 책을 선택한다

역사적 사실만큼 구체적인 것은 없다. 역사적 사실을 개인적인 입장에서 집필한 것보다는 다수의 의사를 따르는 내용으로 구성된 책을 선택하는 것이 좋다.

자기 수준에 알맞은 책을 선택한다

아무리 좋은 책이라고 해도 자신의 발달 단계나 지식 수준에 맞아야 한다. 자신의 수준보다 높으면 결국 중간에 읽는 것을 포기하거나 이해를 하지 못하므로 수준에 맞는 책을 선택하는 것이 매우 중요하다.

학교 공부에 도움이 되는 책을 선택한다

학생 때는 아무 책이나 읽기에는 시간이 부족한 경우가 많다. 따라서 학교 공부와 관련된 내용이 담긴 책을 선택하면 공부에도 도움이 되어 일석이조의 효과를 얻는다.

인생의 교훈이 되는 책을 선택한다

학생들의 인성교육을 강조하고는 있지만 스스로 깨닫지 않고는 인성을 바꾸기가 어렵다. 따라서 좋은 인성을 갖출 수 있는 교훈이 담긴 책을 선택해서 읽게 하면 인성을 변화시키는 데 도움이 된다.

생활에 도움이 되는 책을 선택한다

책을 읽어서 재미만 있는 것이 아니라 실생활에 도움이 된다면 더할 나위 없는 책이라 할 수 있다. 책을 읽고 실수를 줄이거나 시간을 절약할 수 있는 책 등을 읽게 하면 실생활에 큰 도움이 된다.

상상력을 길러 주는 책을 선택한다

읽을수록 호기심이 생기고 새로운 생각을 자극하는 책을 읽으면 좋다. 이러한 책은 상상력을 자극할 뿐만 아니라 기억에 강하게 남기 때문이다.

성공한 사람들이 권하는 책을 선택한다

성공한 사람들은 나름대로 책을 통해서 인생의 변화를 경험한 경우가 많다. 그들은 자신의 인생에서 중요한 책을 많이 권하는데, 그렇게 성공한 사람들이 추천하는 책을 읽는 것은 매우 유익하다.

2 용도에 따라 읽기를 달리하라

읽기라고 해서 모든 책을 똑같은 방법으로 읽는 것은 아니다. 책의 내용이나 상황에 따라 읽는 방법이은 매우 다양하다. 읽기의 종류를 보면 책 읽는 속도에 따라 속독과 만독이 있고, 책 읽는 깊이에 따라 통독과 정독이 있으며, 책 읽는 양에 따라 다독과 소독이 있고, 소리 내어 읽는가의 여부에 따라 낭독과 묵독이 있으며, 그 밖에 발췌독, 윤독, 강독, 숙독이 있다.

일반적으로는 소리 내지 않고 묵독을 하는 것이 좋다. 한편 공부에 도움이 되는 읽기는 정독을 하는 것이며, 쉬운 책을 읽을 때는 속독을 하는 것이 좋다. 또한 문예작품이나 교양서적을 읽을 때는 통독을 하는 것이 좋다.

〈표 3-1〉 용도에 따른 읽기 방법

구분 기준	읽기 종류	내 용	용 도
책 읽는 속도	속독(速讀)	빠르게 읽기: 짧은 기간 내에 많은 분량의 책을 읽는 방법	쉬운 책, 신문이나 잡지
	만독(慢讀)	느리게 읽기 : 시간을 많이 들여 읽는 방법	어려운 책
책 읽는 깊이	정독(精讀)	자세히 읽기: 자세한 이해가 필요할 때 깊이 생각하고 따져 가며 읽는 방법으로 밑줄을 그으면서 읽을 때 적합	시험공부, 암기, 교과서, 전문서적
	통독(通讀)	훑어 읽기: 글의 전체 내용을 훑어볼 필요가 있거나, 자세한 내용 이해가 필요하지 않을 때 읽는 방법	문예작품, 교양서적
책 읽는 양	다독(多讀)	많이 읽기: 깊이 있는 지식의 습득보다는 폭넓은 지식의 습득에 좋은 방법	문예작품, 교양서적
	소독(少讀)	읽기의 양이 별로 많지 않은 경우	
소리 내어 읽는가의 여부	음독(音讀)	소리 내어 읽기: 다른 사람이 알아듣도록 읽거나 문자나 말을 확인하며 읽는 방법	시낭송
	묵독(默讀)	눈으로 읽기: 글의 내용을 이해할 때 내용을 생각하며 읽는 방법으로 독해 능력이 떨어지는 학생일수록 묵독 능력의 점검이 필요함	일반적인 읽기
기타	발췌독(拔萃讀)	부분적으로 뽑아 읽기: 필요한 부분만 찾아 골라 읽는 방법	신문, 사전류, 참고서
	윤독(輪讀)	돌려 읽기	
	강독(講讀)	뜻을 밝혀 가며 읽기	
	숙독(熟讀)	뜻을 잘 생각하면서 읽기	

3 글의 목적에 따라 읽기 방법을 달리하라

읽기 능력을 높이기 위해서는 반드시 적극적이고 능동적인 자세가 필요하다. 그런데 우리 주변을 보면 적극적이고 능동적으로 공부를 하는데도 원하는 만큼의 성과가 없어서 안타까움을 자아내는 학생들이 의외로 많다. 어떤 학생은 대강 읽는 것 같은데 글의 내용을 쉽게 기억해 내고, 어떤 학생은 꼼꼼하게 읽는데도 글의 내용을 쉽게 정리하지 못하는 이유가 무엇일까? 이런 문제를 해결하기 위해서는 글의 목적과 독서 목적에 따른 효과적인 독서 방법을 이용한 읽기를 해야 한다.

정보를 전달하는 글

정보를 전달하는 글은 설명문, 보고문, 기사문, 안내문 등을 말한다. 새로운 정보를 알리는 글을 읽는 것은 정보 획득이 목적이므로 중요한 정보에 밑줄을 그어 가며 읽어야 한다. 모르는 단어가 나오면 적어 두었다가 나중에라도 반드시 개념을 익혀야 한다. 개념을 모르고는 새로운 정보를 알 수 없기 때문이다. 글을 모두 읽은 다음에는 글의 정보를 체계적으로 요약할 수 있어야 한다.

설득을 위한 글

설득을 위한 글은 논설문, 신문사설, 연설문, 광고문 등을 말한다. 설득을 위한 글은 글쓴이가 독자에게 자신의 말을 들어 달라고 하는 목적을 갖기 때문에 글쓴이의 의도를 파악하면서 사실과 의견을 구분하며 읽어야 한다. 광고지를 보고 무척 마음에 들어서 주문을 했는데, 막상 물건을 구입해 보니 실제와 달라서 손해를 본 경우가 있을 것이다. 이럴 때 왜 사실과 의견을 구분하며 읽어야 하는지 실감할 수 있다. 따라서 설득을 위한 글은 글쓴이의 의견에 밑줄을 그어 가며 비판적인 의견을 제시할 수 있어야 한다.

정서 표현의 글

정서 표현의 글은 문학작품에 해당되는 것으로 시, 소설, 수필, 희곡, 시나리오 등이 있다. 정서 표현의 글은 사회적 동물인 인간의 삶과 관련된 정서나 삶의 가치를 표현한 글이기 때문에 글쓴이의 마음을 느껴 가며 읽어야 한다.

문학작품에 쓰인 단어들은 감성적인 것이 많아서 단어 뜻 하나하나에 매달리다 보면 전체적인 내용을 놓칠 수 있다. 따라서 글 전체 내용을 파악하며 대강 그 뜻을 짐작해 보는 훈련이 필요하다. 그리고 비유와 상징으로 쓰인 단어의 뜻에 주의를 기울여야 한다. 그 글에서의 비유와 상징의 의미가 무엇인지 분석하면서 글을 읽으면 내용을 쉽게 이해할 수 있지만, 분석하지 않으면 그저 단어의 나열이 되기 때문이다. 따라서 비유와 상징에 대해 분석하는 습관을 길러야 한다.

친교의 글

친교의 글에는 편지, 소개장, 메모, 쪽지 등이 있다. 친교의 글은 사람의 마음을 표현한 글이기 때문에 글쓴이의 마음을 생각해 가며 읽어야 한다. 주로 감성적인 단어를 사용하기 때문에 단어 각각의 뜻을 짐작해 보는 훈련이 필요하다. 그리고 글을 읽으면서 그 속에 담겨 있는 상대방의 마음을 분석하면서 읽는 습관을 길러야 한다.

4 장르별로 읽기 방법을 달리하라

책을 읽을 때는 분야에 따라 읽는 방법을 달리해야 이해하기 쉽고 얻는 것도 많다.

소설, 희곡, 수필 읽는 방법

소설이나 희곡, 수필은 등장인물의 성격과 한 일을 중심으로 읽어야 한다. 공통적으로 다음과 같은 내용을 중점적으로 생각하면서 읽는다.

- 어떤 유형의 작품인가?
- 작품이 나에게 주는 감동은 무엇인가?
- 내가 이 작품에서 배워야 할 것은 무엇인가?
- 작품을 읽고 남는 것은 무엇인가?

시, 시조 읽는 방법

시나 시조는 인간을 포함한 모든 자연현상 속에서 떠오르는 상상과 감동을 언어의 조작으로 서술한 작품을 말한다. 글을 쓴 사람의 마음이나 느낌을 독자에게 전달하는 것이 목적이다. 시, 동요, 노랫말 등은 그 뜻을 분석하고 이해하는 것이 아니라 독자가 직감으로 느낄 수 있는 문학 형태라 할 수 있다.

- 주제는 무엇인가?
- 소재는 무엇인가?
- 작품이 나에게 주고자 하는 의미는 무엇인가?

그림책 읽는 방법

그림책은 통상적으로 입학 전 아이들이 접하는 최초의 책이지만, 글씨가 있는 그림책은 초등학생에게도 필요하다. 그림책은 그림 위주로 되어 있는데, 그림은 이야기의 줄거리와 내용을 이해하는 데 도움을 준다. 그러나 그림책으로서 큰 가치를 가지려면 그림의 형태는 물론 그림의 세부성과 정확성이 전제되어야 한다.

- 그림은 무엇을 나타내는 것인가?
- 왜 이렇게 표현했을까?
- 그림과 사실의 차이는 무엇인가?
- 나라면 어떻게 표현했을까?

동화 읽는 방법

동화는 가상의 세계를 작가의 시각으로 표현한 글이다. 동화는 허구지만 나름대로 현실성이 있으며, 그 속에서 배운 것을 현실세계에 적용할 수 있는 문학작품이다. 개성과 풍부한 상상력을 통해서 작가의 인생관과 사상을 논리적으로 전개하려는 의도가 배경에 깔려 있다.

- 왜 이런 글을 썼을까?
- 이 작품에서 배울 것이 무엇인가?
- 이 작품이 우리에게 주고자 하는 것은 무엇인가?
- 무엇을 풍자하거나 비교한 것인가?

위인전 읽는 방법

위인전은 역사적으로 성공한 사람의 일대기나 왕 혹은 장군과 같은 영웅의 전기를 말한다. 다른 문학작품들이 허구를 기반으로 하고 있는 데 비해 위인전은 실제로 존재한 인물의 사실적인 이야기이므로 마음속에 감동으로 기억하기 좋은 독서 자료다.

위인전은 주인공의 일대기를 글로 나타낸 것이므로 주로 주인공과 관련된 사실에 집중하여 읽어야 한다. 다음과 같은 내용을 중점적으로 생각하면서 읽는 것이 좋다.

- 어렸을 때의 생활상은 어떠했는가?
- 주인공은 어떤 고생과 역경을 겪었는가?
- 어떻게 해서 성공하는 계기를 맞았는가?
- 주인공이 성공한 원인은 무엇인가?
- 주인공이 오늘날까지 존경받고 있는 이유는 무엇인가?
- 주인공은 언제, 어디서, 어떤 일을 하며 빛을 남겼는가?
- 주인공에게서 무엇을 배워야 하는가?
- 주인공이 살았을 당시와 오늘날을 비교했을 때 어떤 점을 본받아야 하는가?

역사책 읽는 방법

역사책은 역사적 사실을 기록하거나 설명한 책을 말한다. 역사책은 독자에게 역사적 지식을 길러 주고 선인의 삶을 통해 교훈을 준다. 또한 역사 속의 문화 전통을 이해하고 계승하도록 하는 데 효과적이다.

역사책은 역사적 사실의 정확성이 중요하며, 등장인물 및 때와 장소 등이 올바르게 묘사되어야 한다. 역사책을 효과적으로 읽기 위해서는 다음과 같은 내용을 중점적으로 생각하면서 읽는 것이 좋다.

- 역사적으로 가치가 있는 일이었는가?
- 왜 이러한 역사적 사건이 발생하였는가?
- 누가 언제 행하였는가?
- 내가 새롭게 알게 된 사실은 무엇인가?
- 왜 이런 일이 일어났는가?
- 원인은 무엇이고 결과는 무엇인가?
- 만약에 원인이 없었다면 어떻게 되었을까?
- 만약에 인물이나 사건이 없었다면 어떻게 되었을까?

과학책

과학책은 기존에 없었던 것을 새롭게 발견하거나 만든 것을 설명한 책이 많다. 과학책을 효과적으로 읽기 위해서는 다음과 같은 내용을 중점적으로 생각하면서 읽는 것이 좋다.

- 새로 밝혀진 사실은 무엇인가?
- 사실은 유용한 가치가 있는가?
- 사실이 역사 발전에 기여한 정도는?
- 사실을 더욱 발전시키기 위해서는?

잡지류

잡지는 말 그대로 하나의 주제에 대하여 다양한 지식과 정보를 제공하고 있다. 그러나 모든 지식이나 정보가 독자에게 유용한 것이 아니기 때문에 전체 내용을 차례대로 읽기보다는 목차를 먼저 보고 자신에게 필요한 것부터 찾아서 읽는 것이 바람직하다. 잡지를 효과적으로 읽기 위해서는 다음과 같은 내용을 중점적으로 생각하면서 읽는 것이 좋다.

특히 어린이 잡지는 동화, 동시, 위인전기, 학습물, 만화 등으로 구성되는데, 만화가 많아서 아이들이 즐겨 읽는다.

- 왜 이런 주제를 선정했을까?
- 이번 호에서 가장 중심이 되는 내용은 무엇인가?
- 저자나 기자가 전달하려고 한 것은 무엇인가?
- 잡지 내용 중에 어떤 것이 나에게 가장 도움이 되었는가?

5 독해 전략(SQ3R)에 따라 읽으라

독서의 궁극적인 목표는 글 내용의 이해와 학습에 있다. 그럼에도 불구하고 많은 아이가 독서에서 이 목표를 제대로 성취하지 못하고 있다. 이는 글을 읽기는 읽되 효과적으로 읽지 못하기 때문이다. 그렇다면 열심히 책을 읽는 것 같아도 책과 늘 어색한 관계에 있는 아이들을 위한 효과적인 독서 방법으로 널리 알려진 심리학자 Robinson의 'SQ3R' 방법에 따라 읽어보자. 'SQ3R' 방법은 독서의 과정을 다섯 단계로 나누었는데 각 단계에서의 활동 내용은 다음과 같다.

훑어보기(Survey, 전체를 대강 살펴보는 것)

글을 읽기 전에 제목이나 소제목, 서문, 차례, 삽화, 처음과 끝 부분 등 글 전체를 훑어보고 책의 내용을 대강 짐작해 보는 단계다. 오늘 공부하기로 계획한 단원이 있다면 소제목과 그 단원의 개요나 요약 부분을 읽어 보는 것이 좋다.

질문하기(Question, 스스로에게 물어보는 것)

훑어보기와 동시에 제목과 소제목 등을 활용하여 스스로에게 물어보는 단계다. 적극적으로 배경지식을 활용해 나가는 과정이다.

자세히 읽기(Read, 구체적으로 읽기)

구체적으로 본문을 읽는 단계다. 설명문, 논설문, 소설, 시와 같이 종류에 따라 읽는 방법을 다르게 적용하는 것이 좋다.

암기하기(Recite, 인용하기)

자세히 읽은 내용을 체계적으로 정리하는 단계다. 꼭 필요한 내용이나 용어는 암기할 수 있도록 체계적으로 정리해야 한다. 다소 차이는 있지만 일반적으로 사람은 글을 읽은 후에 50% 정도를 기억한다고 한다. 이 말은 곧 많은 사람이 글을 읽은 후에 50% 정도를 망각한다는 말이 되기도 한다. 따라서 글 읽기 효과를 극대화하려면 읽은 즉시 반복하고 암기하는 연습을 해야 한다. 소제목을 중심으로 핵심 내용을 정리해 보는 것이 효과적이다.

다시 보기(Review, 재검토하기)

읽은 내용을 다른 사람에게 이야기해 보거나 글의 내용에 자신의 생각을 보태어 한 편의 글을 스스로 써 보는 단계다. 글의 내용을 좀 더 분명하게 이해하고 오래 기억할 수 있는 방법이며, 독후감 작성이나 독서 토론 활동이 효과적이다.

활동지 1

소설 읽는 방법

이 활동지는 읽기 능력을 향상시키기 위하여 글을 읽는 방법을 배우는 것입니다. 글을 읽고 다음의 물음에 답하세요.

피그말리온 신화는 그리스 신화에 나오는 조각가 피그말리온의 이름에서 유래하였다. 피그말리온 자신이 조각한 아름다운 여인상을 진심으로 사랑하게 되자 여신(女神) 아프로디테는 그의 사랑에 감동하여 여인상에게 생명을 주었다. 그래서 현대에서는 이를 두고 사람을 칭찬하면 안 되는 일이 없다는 예로 피그말리온 신화를 들고 있다. 조각상도 사랑을 주면 사람이 되는데 사람을 칭찬하면 무엇인들 되지 못하겠는가라는 의미를 던져 준다.

★ 어떤 유형의 작품인가? ______________________________

____

★ 작품이 나에게 주는 감동은 무엇인가? ______________________________

____

★ 내가 이 작품에서 배워야 할 것은 무엇인가? ______________________________

____

★ 작품을 읽고 남는 것이 무엇인가? ______________________________

____

활동지 2

시 읽는 방법

이 활동지는 읽기 능력을 향상시키기 위하여 글을 읽는 방법을 배우는 것입니다. 글을 읽고 다음의 물음에 답하세요.

바람이 분다.

행복한 바람이 분다.

아침에는 기쁜 바람이 나의 눈을 뜨고

점심에는 즐거운 바람이 나를 들뜨게 하고

저녁에는 아름다운 노을이 바람처럼 내게 왔다.

나는 오늘 하루 행복한 바람에 기분이 좋아졌다.

★ 주제는 무엇인가? ____________________

★ 소재는 무엇인가? ____________________

★ 작품이 나에게 주고자 하는 의미는 무엇인가? ____________________

____

★ 작품을 읽고 남는 것이 무엇인가? ____________________

____

____

____

____

활동지 3

위인전 읽는 방법

이 활동지는 읽기 능력을 향상시키기 위하여 글을 읽는 방법을 배우는 것입니다. 글을 읽고 다음의 물음에 답하세요.

이순신 장군의 삶은 도전의 연속이었다. 이순신 장군은 어릴 때부터 남다른 체격에 영특한 지혜가 있었으며, 당시 선비들도 당해내지 못할 정도로 탁월한 문장 능력과 수려한 필체를 가졌다. 주변 사람들은 이순신의 능력을 알고 문관으로 벼슬길을 가기를 권했지만 이순신은 무관이 되겠다며 무술공부에 열중하였다. 무술공부를 6년 동안 하였지만 낙방한 이순신은 4년 뒤에 다시 도전하여 31세에 드디어 무과 시험에 합격하였다. 자신이 잘할 수 있는 것을 가지고 편하게 살 수 있음에도 불구하고, 남들과 달리 이순신은 새로운 분야에 도전을 결심하여 10년의 세월을 보내고 늦은 나이에 꿈을 이루었다.

이순신의 관직 생활도 순탄하지 않았다. 처음 부임지는 지형이 너무 험해 새들도 드나들지 않는다는 함경도 삼수 땅으로, 권관(소대장)으로 부임하게 되었다. 그의 성실한 관직 생활로 봉사(종 8품)의 지위에 올랐지만 강직한 성격으로 인해 계속 상급자와 마찰을 빚다가 원하지 않는 전출과 하급관리로 전전하는 등 모함과 강등의 연속이었다. 그렇지만 이순신은 현실과 타협하지 않고 자신이 목표했던 올바른 관리가 되어야겠다는 마음으로 일관하였다. 결국 수많은 어려움이 있어도 타협하지 않았고, 마침내 1591년 41세에 겨우 전라 좌수사로 임명을 받았다.

이순신은 책임자가 되면서 상사와의 마찰은 줄고 자신이 할 수 있는 역량이 많아지자 전쟁 준비에 몰두할 수 있었다. 그 결과 임진왜란이 일어났을 때 이순신 장군의 눈부신 활약에 힘입어 남해안의 제해권을 완전히 장악하면서 이순신에 대한 관심이 증가하였다.

이순신은 제1차 출전 이래 총 4차에 걸쳐 17회의 크고 작은 해전을 전개하여 적선을 격침하거나 빼앗았는데, 그 수가 207척이나 되었고 수리 불가능할 정도로 대파한 적선은 152척이었다. 또한 왜병 33,780명을 전사시켰다. 이에 비해 조선 해군은 단 한 척의 전선 손실도 없었고, 인명 손실은 전상, 전사자를 모두 합하여 243명에 그쳤다. 인류의 역사가 시작된 이래 세계의 어떤 전쟁에서도, 특히 해전에서는 이런 기록이 없었다. 이순신은 전사할 때까지 23회의 크고 작은 해전에서 단 한 번도 패배한 적이 없다.

★ 어렸을 때의 생활상은 어떠했는가? ______

★ 주인공은 어떤 고생과 역경을 겪었는가? ______

★ 어떻게 해서 성공하는 계기를 맞았는가? ______

★ 주인공이 성공한 원인은 무엇인가? ______

★ 주인공이 오늘날까지 존경받고 있는 이유는 무엇인가? ______

______

★ 주인공은 언제, 어디서, 어떤 일을 하며 빛을 남겼는가?

______

★ 주인공에게서 무엇을 배워야 하는가?

______

★ 주인공이 살았을 당시와 오늘날을 비교했을 때 어떤 점을 본받아야 하는가?

______

______

활동지 4

역사책 읽는 방법

이 활동지는 읽기 능력을 향상시키기 위하여 글을 읽는 방법을 배우는 것입니다. 글을 읽고 다음의 물음에 답하세요.

이순신은 난중의 모든 일을 일기에 거의 하루도 빼놓지 않고 기록으로 남겨 두었다. 이순신에게는 위장병 등의 지병이 있었는데 매일매일 나라 걱정과 백성에 대한 근심으로 제대로 잠을 이루지 못하였다. 난중일기에는 그런 이순신의 모습이 나타나 있다. 이렇게 이순신은 육체뿐만 아니라 마음까지 피곤하고 힘들었지만 난중일기가 그의 위로가 되지 않았나 생각해 본다. 전라 좌수사라는 직위에는 때로는 어느 누구에게도 말하지 못할 고민과 어려움과 아픔이 있었을 것이다. 그는 이러한 고민과 어려움을 매일 밤 붓을 들어서 써 내려가기 시작했다. 하루는 왜적과의 전투를 쓰기도 하고, 하루는 전쟁 준비를 쓰기도 하고, 하루는 가족의 안부를 적기도 했다. 결국 이순신의 일기는 스스로에게 힘을 주고 마음을 위로하는 것으로, 당시 그는 일기라도 쓰지 않으면 마음에 있던 고통과 역경을 이겨내지 못했을지도 모른다.

매일 전투하면서, 매일 백성을 보살피면서 이순신은 일기를 써 내려갔다. 이미 그의 안중에는 당파도 없었고 나약한 왕도 없었다. 매일 밤 일기를 쓰면서 구국의 다짐을 했을 것이며, 또한 일기를 쓰면서 조선의 미래를 만들어 갔을 것이다. 난중일기는 단순한 사건의 기록이 아니다. 난중일기는 이순신을 이순신답게 만드는 이순신만의 방책이었다. 이러한 일기를 통해 이순신은 내일을 준비하고 나라의 앞날을 걱정하였다. 난중일기는 무려 2,539일간의 기록으로, 삶이고 위로였으며 조선의 미래를 담은 글이었다. 밤마다 일기를 통하여 힘을 얻었던 이순신은 조선을 지켜나가고 있었다.

★ 역사적으로 가치가 있는 일이었는가?

★ 왜 이러한 역사적 사건이 발생했는가?

★ 누가 언제 행하였는가?

★ 내가 새롭게 안 사실은 무엇인가?

★ 왜 이런 일이 일어났는가?

★ 원인은 무엇이고 결과는 무엇인가?

★ 만약에 원인이 없었다면 어떻게 되었을까?

★ 만약에 인물이나 사건이 없었다면 어떻게 되었을까?

활동지 5

과학책 읽는 방법

이 활동지는 읽기 능력을 향상시키기 위하여 글을 읽는 방법을 배우는 것입니다. 글을 읽고 다음의 물음에 답하세요.

'근대 과학의 아버지' 라 불렸으며, 물리학자 · 천문학자 · 수학자 · 근대이론과학의 선구자인 뉴턴은 1642년 영국에서 태어났다. 아버지는 그의 출생 전에 사망하였고, 어머니는 그가 3세 때 재혼하는 등 불운한 소년시절을 보냈다. 어릴 때부터 공작에 소질이 있어 풍차, 물시계 등을 만들어 보인 그는 1661년 케임브리지 대학에 입학하여 수학, 물리학, 천문학, 광학에 관심을 갖고 연구에 몰두하였는데, 그 실력을 인정받아 26세의 나이로 교수가 되었다.

1665년쯤 영국에는 전염병이 퍼지고 있어서 사람들은 안전한 마을을 찾아 이사를 했다. 뉴턴도 어머니가 사는 작은 마을에 머물 때였다. 어느 날 집 뜰에 앉아 깊은 생각에 잠겨 있던 뉴턴은 사과나무에서 사과가 떨어지는 것을 보았다. 그것을 본 그는 왜 사과는 똑바로 아래로 떨어질까 하고 생각에 잠겼다. 왜 위로 가든지 옆으로 가든지 하지 않고, 또 나뭇가지에서 직각으로 떨어지지 않고 똑바로 떨어지는지를 생각했다. 그는 사과가 밑으로 떨어지는 것은 어떤 힘이 사과를 지면으로 잡아당기기 때문이라는 생각을 했다.

뉴턴이 사과가 떨어지는 것을 보고 만유인력의 법칙을 발견했다는 이 이야기는 널리 알려졌다. 그러나 그것은 우연히 이루어진 것이 아니다. 뉴턴의 사과 이야기를 비웃는 사람들은 아마도 뉴턴이 떨어지는 사과를 보며 인력의 법칙을 유추해 냈다는 걸 몰랐을 것이다. 뉴턴은 논리적인 사고 과정을 거쳐 과학적 발견을 해 낸 것이지 우연히 생각해 낸 것은 아니다.

★ 새로 밝혀진 사실은 무엇인가?

★ 사실은 유용한 가치가 있는가?

★ 사실이 역사 발전에 기여한 정도는 어느 정도인가?

★ 사실을 더욱 발전시키기 위해서는 어떻게 해야 하는가?

1 읽기 준비 단계 79
2 읽기 단계 81
3 읽기 후 단계 83
활동지 85

4

한 번만 읽어도 잊히지 않는 읽기 전략

4

한 번만 읽어도 잊히지 않는 읽기 전략

공부를 하면서 교과서나 참고서를 읽는다는 것은 단순히 글자를 읽는 것이 아니라 글을 읽으면서 그 의미를 이해하고 자신의 배경지식을 활용해 새로운 의미를 재구성하는 과정이다. 따라서 단순 다독이나 속독은 오히려 창의력과 학습 능력에 부정적인 결과를 가져올 수 있다고 한다. 독서의 양이 중요한 것이 아니라 한 권을 읽더라도 내용을 충분히 받아들여 웃기도 하고, 때로는 눈물도 흘리면서 감동을 느끼는 독서 체험이 중요하다는 것이다. 어려서부터 책의 내용을 이해하지 못한 채 건성으로 읽는 습관이 길러지면 초등학교에 들어가고 고학년이 될수록 독서를 싫어하는 학생으로 변하게 된다는 연구 결과도 있다.

따라서 학생이 공부를 잘하기 위해서는 책을 잘 읽는 전략을 알고 있어야 하며, 그 전략에 따름으로써 큰 효과를 볼 수 있다는 결론이 나온다. 이처럼 전략적으로 책을 읽는다는 것은 자신의 배경지식과 경험을 활용해서 예측하고 분석하고, 비판하며 글을 읽는 것을 말한다.

1 읽기 준비 단계

주제와 관련해 자신이 알고 있는 배경지식을 떠올리며 읽기에 주의를 집중하도록 한다. 배경지식을 끌어내는 것은 책을 읽는 목적을 분명하게 밝혀 그 내용에 집중하게 함으로써 새로운 정보를 효과적으로 찾을 수 있게 한다. 또한 새로운 개념과 이미 알고 있는 것이 연관되도록 해 정보를 오랫동안 기억하게 만들어 준다. 그러기 위해서는 어떤 내용으로 전개될 것인지 미리 짐작해 본다든가, 그 글에서 자신이 특별히 알고 싶은 점이 무엇인지 상상해 보는 일이 매우 중요하다.

읽기 전에 내용을 미리 상상해 본다

책을 읽기 전에 제목이나 학습목표, 서문, 소제목, 그림 등을 보며 글의 내용을 미리 생각해 보고, 책을 읽으면서 자신이 예측한 것을 수정 · 보완한다. 또한 책을 읽은 뒤에는 실제 내용과 미리 상상한 것이 얼마나 일치하는지 점검하면서 기억이 되도록 한다.

제목을 보고 내용 상상하기

- 제목을 왜 이렇게 정했을까?
- 제목에 담긴 본래 뜻은 무엇일까?
- 내용이 어떻게 전개될까?
- 제목이 궁극적으로 전달하고자 하는 것은 무엇일까?

관련 도서를 읽어 보거나 문제집 풀어 보기

학습목표 읽고 상상하기

- 이 단원은 지식, 이해, 기능, 태도, 가치 중 무엇을 나타내는가?
- 이 단원에서 무엇을 배울 것인가?
- 이 단원에서 중요한 것은 무엇인가?

저자의 의도 상상하기

- 어느 시대에 살았고, 무엇을 하는 사람인가?
- 이 책을 쓰게 된 동기나 목적은 무엇인가?
- 저자가 쓴 다른 글과 차이점은 무엇인가?

글에서 알고 싶은 점을 문제로 만들어 본다

책을 읽기 전에 문제 형식으로 만들어 궁금증을 유발하면서 책을 읽으면 뚜렷한 목적 의식을 가지게 되므로 내용이 구체적이고 분명해져서 오래 기억된다. 또한 알고 싶은 것을 알게 되었을 때 글 읽는 것에 대한 흥미를 유발할 수 있다.

2 읽기 단계

읽기를 하는 중에는 글에 집중하면서 글의 흐름과 핵심 내용을 정확하게 파악하고 이해한 다음 자기 입장에서 타당성 있게 해석, 비판, 정리한다. 이때 중요한 내용을 찾아내어 적절한 방법으로 내용을 구조화한다. 이를 위해서는 중요 내용에 밑줄 긋기, 문맥을 활용해 낯선 어휘 이해하기, 글 내용을 구조적으로 읽기, 요약하기, 어려운 부분 다시 읽기, 메모하기 등의 방법을 사용하는 것이 효율적이다.

중요 내용에 밑줄을 긋는다

책을 읽다가 중요한 단어나 글의 소재를 발견했을 때, 또는 핵심어인 경우에는 밑줄을 그어 놓고 나중에 다시 한 번 읽어 보면 내용을 기억하는 데 도움이 되고 시험 공부를 할 때도 효과적이다.

문맥을 활용해 낯선 어휘를 이해한다

새로운 어휘가 이해되지 않으면 전체적인 문맥을 파악해 가며 어휘의 의미를 생각해 본다. 이를 통해 어휘력이 증가하고 내용을 의미 있게 파악할 수 있다.

구조적으로 읽는다

글에는 구조가 있다. 즉, 도입 단계인 서론과 전개 단계인 본론, 정리 단계인 결론이 있다. 책을 읽으면서 서론과 본론, 결론을 구분해서 읽는 습관을 들이면 무엇이 중요한지 쉽게 알 수 있다.

읽은 내용을 요약한다

요약하기란 글에 들어 있는 중요한 생각을 간추리는 활동을 말한다. 즉, 글에 제시된 정보와 자신의 경험을 바탕으로 내용을 압축하고 주제를 찾아내는 활동이다. 책을 읽다 보면 내용이 많아질수록 기억해야 할 것도 증가한다. 따라서 책을 한 문단씩 읽으면서 정리하고 요약하는 습관을 들이면 전체를 기억하는 데 용이하다. 앞에 읽은 것이 기억나지 않을 때는 요약한 부분을 읽으면서 기억을 재생할 수 있다. 따라서 중심 내용을 잘 파악하기 위해 평소 글을 읽을 때 문단의 중심 내용에 밑줄을 긋거나 단락을 묶어 제목을 붙이는 습관을 들이도록 한다.

메모하며 읽는다

책을 읽다 보면 등장인물이 많거나 역사적으로 중요한 사건이 전개, 또는 내용이 복잡할 때 등은 한 순간 집중을 잃을 수 있으며, 이때는 내용 연결이 잘 되지 않는다. 또한 앞에서 읽었던 내용이 잘 기억 나지 않을 때가 있다. 이때 메모를 해두었다면 책 내용을 완벽하게 이해하는 데 도움이 되고, 메모한 내용은 좀 더 오래 기억할 수 있다.

주제를 찾는다

책을 읽으면서 강조하고자 하는 주제를 찾아야 한다. 주제란 그 글의 중심 내용으로서 저자가 책을 통해 말하고자 하는 핵심 내용이자, 글을 쓴 목적이다. 중심 내용은 문단 안에 드러나 있는 경우와 암시되어 있는 경우가 있다.

배경지식과 관련지어 읽는다

과거에 알고 있던 지식들을 떠올리면서 책을 읽으면 도움이 된다. 예를 들어, 책에 포유류의 종류인 소, 말, 돼지, 토끼, 쥐, 두더지, 양, 염소, 호랑이, 사자, 치타, 표범 등이 나왔다면 동물원에서 본 동물들을 기억해 내어 관련지어 봄으로써 내용을 구체화할 수 있다.

3 읽기 후 단계

책을 다 읽은 후에 내용을 전체적으로 조망하면서 생각을 자유롭게 정리해 보면 책을 다 읽었다는 성취감과 함께 즐거움을 얻을 수 있다. 읽은 책을 생활에 유익하게 만들기 위해서는 새로 배운 내용을 기존 지식에 통합해 실생활에 적용해 보아야 한다. 또한 오래 기억해 두기 위해서는 책 내용을 비판해 보거나 창의적으로 생각할 수 있어야 한다. 독후감 쓰기, 소설을 연극으로 각색하기 등을 하거나 자신의 배경지식을 끌어내어 재확인하고 수정해 가면 지식이 체계화되고 오랫동안 기억할 수 있다.

[책을 읽은 후 해야 할 것]

- 내용을 요약 · 정리해 본다.

• 학습목표에 맞게 내용을 말해 본다.

• 궁금한 내용은 다른 책에서 찾아본다.

• 모르는 단어를 찾아 정리한다.

비판하며 읽는다

비판하며 읽는다는 것은 글의 진실성, 정확성 등을 판단해 보는 것을 말한다. 저자가 문제를 바라보는 관점을 파악하고 다른 관점으로 해석하는 일이나 저자의 편견을 찾는 일, 또는 저자의 주장에 대해 정당한 근거를 내세워 평가하는 일, 저자가 독자를 설득하기 위해 사용하고 있는 표현 방식을 파악하는 것도 비판하며 읽기의 방법이다.

창의적으로 읽는다

창의적으로 읽는다는 것은 책에서 이해한 것을 바탕으로 새로운 상황에 적용하거나 어떤 목적을 위해 내용을 재구성해 통합하고 재창조하는 것을 말한다. 이것은 책 내용을 음악, 영화, 만화, 놀이, 무용 등 다양한 매체와 연관지어 재해석하는 것이기도 하다.

활동지 1

제목을 보고 내용 상상하기

이 활동지는 읽기 능력을 향상시키기 위한 것으로서 제목만 보고 내용을 상상하게 합니다. 가능한 한 자유롭게 이야기의 내용을 상상할 수 있도록 도와줍니다.

다음 제목을 보고 생각나는 것을 적어 보세요.

제목	내가 생각하는 내용
물새알 산새알	물새알과 산새알을 비교한 글
내가 채송화 꽃처럼 조그마했을 때	나의 어릴 적 모습
엄마의 쪽지 편지	엄마의 사랑이 담긴 글
제주도의 역사	제주도에서 있었던 역사적 사실
톰 소여의 모험	톰 소여가 겪은 모험 이야기
지구여 안녕	환경 보호에 관한 글
아낌없이 주는 나무	나무가 우리에게 주는 선물
쌍동밤	쌍둥이 밤에 대한 이야기
화요일의 두꺼비	화요일이면 나타나는 두꺼비의 사연
우리들의 일그러진 영웅	싸움을 잘하는 마음씨 나쁜 친구 이야기

활동지 2

제목과 관련된 것 떠올리기

이 활동지는 읽기 능력을 향상시키기 위한 것으로서 제목과 관련된 것을 떠올려 보도록 합니다. 정답이 있는 것이 아니므로 자유롭게 생각할 수 있도록 지도해야 합니다.

다음 글의 제목을 보고 무엇이든 떠올려 본 다음, 글을 다 읽고 난 후에 알게 된 것과 비교해 보세요.

마녀와 군밤

"자, 받아요. 그런데 껍질을 까고 먹어야 해요."

"고맙습니다."

작은 마녀는 군밤의 맛을 보았습니다.

"냠냠, 아주 맛있군요! 정말로 할아버지가 부럽네요. 일도 어렵지 않고 또 따뜻한 화덕 앞에 있으니까 춥지도 않고요."

"그런 소리 말아요! 이런 추위에 하루 종일 서 있으면 그래도 얼어붙는다오. 이런 무쇠 화덕도 별 소용이 없지. 뜨거운 밤을 꺼내다가 손가락이나 데기 딱 알맞지. 에에취! 내 두 발은 꽁꽁 얼었고 내 코를 보시오, 꼭 크리스마스 트리의 빨간 양초 같지 않소? 코감기가 떠날 날이 없으니 정말 못해먹을 노릇이라오. 에에취! 에에취!"

할아버지의 재채기는 온 광장에 메아리가 되어 울렸습니다. 그 모습을 본 작은 마녀는 생각했습니다.

'할아버지를 도와줘야지. 잠깐만…….'

작은 마녀는 할아버지 몰래 마법의 주문을 외웠습니다.

"아직도 발가락 끝이 시리세요?"

"지금은 괜찮소. 코 끝도 시리지 않은 걸 보면 갑자기 추위가 좀 누그러진 것 같구려. 어떻게 된 거지?"

"제가 어떻게 알겠어요? 이젠 집으로 가야지."

"잘 가요, 고마웠어요!"

"천만에요, 뭘 그런 걸 가지고."

얼마 안 있어 사내아이 둘이 군밤을 사러 왔습니다. 그런데 할아버지가 장사를 시작한 이래 처음으로 손가락을 데지 않고 군밤을 꺼낼 수 있었습니다. 그리고 그 뒤로는 한 번도 데지 않게 되었답니다. 또한 발가락도, 코도 시리지 않게 되었으며, 코감기도 씻은 듯이 나아 버렸다고 합니다.

1. 제목과 관련된 것 떠올리기

예시 답) 군밤 장수를 괴롭히던 작은 마녀는 군밤 장수의 이야기를 듣고 자신의 잘못을 뉘우친다.

2. 떠올린 것과 비교하기

예시 답) 작은 마녀가 군밤 장수를 괴롭힐 거라고 생각했는데 오히려 군밤 장수 할아버지가 따뜻하게 군밤을 팔 수 있게 도와주었다.

활동지 3

학습목표 읽고 상상하기

이 활동지는 읽기 능력을 향상시키기 위한 것으로써 학생들이 학습목표를 읽고 내용을 상상해서 쓰도록 지도합니다.

다음 학습목표를 읽고 학습 내용에 관해 상상해 보세요.

1. 2차 방정식을 설명할 수 있다.

★ 이 단원은 지식, 이해, 기능, 태도, 가치 중 무엇을 나타내는가?

답 지식

★ 이 단원에서 무엇을 배울 것인가?

답 2차 방정식

★ 단원에서 중요한 것은 무엇인가?

답 방정식

2. 친절한 습관을 형성할 수 있다.

★ 이 단원은 지식, 이해, 기능, 태도, 가치 중 무엇을 나타내는가?

답 태도

★ 이 단원에서 무엇을 배울 것인가?

답 친절한 습관

★ 단원에서 중요한 것은 무엇인가?

답 습관

3. 사탕을 만들 수 있다.

★ 이 단원은 지식, 이해, 기능, 태도, 가치 중 무엇을 나타내는가?

답 습관

★ 이 단원에서 무엇을 배울 것인가?

답 사탕 만드는 방법

★ 단원에서 중요한 것은 무엇인가?

답 설탕

활동지 4

중요한 내용 파악하기

이 활동지는 읽기 능력을 향상시키기 위한 것으로서 글을 읽고 중요한 내용을 파악하도록 지도합니다.

다음 글을 읽고 물음에 답해 보세요.

스스로 부른 죽음

짐과 톰은 어려서부터 이웃에서 살며 형제처럼 가깝게 지냈다. 성장해서 짐은 목수가 되어 가난하게 살고 톰은 큰 운수회사를 운영하는 부자가 되었다. 어느 날 톰이 찾아와 짐에게 이렇게 부탁했다.

"짐, 자네의 훌륭한 솜씨로 집을 한 채 지어 주게. 여기 설계도가 있으니 가장 좋은 재료를 쓰고 계산서는 언제든지 보내 주게."

톰은 설계도를 놓고 갔다. 짐은 일에 착수하였다. 처음에는 양심적으로 일을 했다. 그러나 점차 더 많은 이익을 차지하려는 욕심에서 좋은 자재 대신에 값싼 자재를 쓰고 목수도 서툰 사람을 써서 인건비를 절약하였다. 겉으로는 훌륭하게 보였지만 사실은 허술한 집을 지은 것이다. 집이 완성되었을 때 짐은 친구인 톰에게 열쇠와 2만 파운드의 계산서를 내놓았다. 톰은 수표를 써 주면서 말했다.

"열쇠를 잘 간직하게. 여기 소유 증서가 있네. 짐, 이 집은 내가 자네에게 주는 선물이니 아무쪼록 이 집에서 여생을 행복하게 지내기를 빌겠네."

목수인 짐은 자기 손으로 지은 새집에 들어가게 되었다. 겨울이 되자 벽에 습기가 차오르고, 벽 틈으로 바람이 스며들고, 지붕은 비가 새고, 창은 부서져 버렸다. 이런 집에서 여생을 보내야 할 것을 생각하니 막막했다. 처음부터 집을 튼튼히 잘 짓지 않은 것이 무척 후회가 되었다.

그리고 눈보라가 심하게 몰아치던 어느 날, 지붕이 무너져 내려 짐의 가족은 모두 목숨을 잃고 말았다.

1. 중요한 내용에 밑줄을 그어 보자.

답 더 많은 이익을 차지하려는 욕심에서 좋은 자재 대신에 값싼 자재를 쓰고 목수도 서툰사람을 써서 인건비를 절약하였다. 처음부터 집을 튼튼히 잘 짓지 않은 것이 무척 후회가 되었다. 지붕이 무너져 내려 짐의 가족은 모두 목숨을 잃었다.

2. 잘 모르는 단어를 찾아 뜻을 적어 보자.

답 목 수: 나무를 다루어 집을 짓거나 가구, 기구 따위를 만드는 일을 업으로 하는 사람

설계도: 설계한 구조, 형상, 치수 따위를 일정한 규약에 따라서 그린 도면, 앞으로 이룩할 일에 대한 계획

인건비: 사람을 부리는 데 드는 비용

절 약: 함부로 쓰지 아니하고 꼭 필요한 데만 써서 아낌

양 심: 사물의 가치를 변별하고 자신의 행위에 대하여 옳고 그름과 선과 악의 판단을 내리는 도덕적 의식

자 재: 무엇을 만들기 위한 기본적인 재료

파운드: 영국의 화폐 단위

3. 이 글의 핵심 내용은 무엇인가?

답 지나친 욕심은 목숨까지 잃게 한다.

활동지 5

낯선 어휘 이해하기

이 활동지는 읽기 능력을 향상시키기 위한 것으로서 글을 읽고 중요한 문장에서 잘 모르는 어휘가 나왔을 때 전체 맥락을 파악하여 어휘의 의미를 이해하도록 지도합니다.

다음 문장을 읽고 밑줄 친 어휘의 의미를 파악하여 이해한 것을 적어 보세요.

문 장	이해하기
문제만 제시하지 않고 대안도 제시할 줄 아는 습관을 기르자.	어떤 일에 대처할 방안
자신감이 충만한 사람들은 자기 인생을 개척하고 성공으로 나아갈 수 있는 사람들이다.	가득히 참
실제로는 게으르고 나태하면서 '무언가 큰일을 이룰 수 있겠지?'라고 생각하는 사람은 비전을 가진 사람이 아니라 망상에 사로잡혀 있는 사람이다.	이치에 맞지 아니한 망령된 생각을 함
아담과 이브는 호기심 때문에 금단의 열매인 선악과를 따먹었다.	어떤 행위를 못하도록 금함
막연한 기다림이 아니라 선견지명으로 배우면서 자신이 원하는 것을 얻기 위해 노력하였다는 것이다.	어떤 일이 일어나기 전에 미리 앞을 내다보고 아는 지혜
시간의 흔적을 따라 사라져 가는 경우가 부지기수라는 사실을 알아야 한다.	헤아릴 수 없을 만큼 많음
나는 어떤 시대 상황에서든 언제든 기회가 온다는 낙관과 희망을 믿는다.	인생이나 사물을 밝고 희망적인 것으로 봄
역경을 돌파하고 정면 승부할 수 있는 용기를 얻게 될 것이다.	일이 순조롭지 않아 매우 어렵게 된 처지나 환경
고난이 크면 반드시 그 고난 속에 큰 기회가 숨어 있음을 명심하라.	괴로움과 어려움을 아울러 이르는 말
성공한 사람들은 불행과 고통을 신념으로 정복한 사람들이다.	굳게 믿는 마음

활동지 6

내용 요약하기

이 활동지는 읽기 능력을 향상시키기 위한 것으로서 학생들이 글을 읽고 내용을 요약해서 쓰도록 지도합니다.

다음 글을 읽고 중요 내용만 요약해서 적어 보세요.

1. 두바이는 원래 사막의 작은 촌락에 불과했지만 석유라는 것을 기회로 산유국으로 바뀔 수 있었다. 두바이는 산유국에 만족하지 않고, 상상 속에서 볼 수 있는 세상을 만들기 위하여 다양한 꿈을 꾸었다. 남들이 꾸지 않았던 꿈을 꾸고 그 꿈을 실현하기 위해 두바이는 항상 준비하였다.

답 두바이는 상상 속에서 볼 수 있는 세상을 만들기 위해 노력하였다.

2. ○○호텔에는 방 청소를 담당하는 김영희라는 사람이 있었다. 많은 사람은 그녀를 궂은일이나 하는 청소부라고 무시했지만 그녀는 자신의 일이 깨끗한 환경을 마련하여 손님들에게 기쁨을 주는 일이라고 생각하며 즐거워하였다.

답 김영희는 자신의 일을 즐거워했다.

3. 미국에서 태어난 헬렌 켈러는 세상에 태어난 지 9개월 만에 큰 병을 앓아 시력을 잃었고, 귀는 들을 수 없었으며, 입으로 말도 할 수 없는 장애인이 되었다. 그녀는 여러 장애를 가지고 있으면서도 하버드대학교를 졸업하였으며, 저서까지 남겼다. 헬렌 켈러는 자신의 불행에 좌절하지 않고 불가능을 극복하여 장애인들에게 성공의 상징으로 큰 힘과 용기를 주었다.

답 헬렌 켈러는 자신의 역경을 딛고 성공하였다.

4. 배가 고픈 사람도 배가 고프다는 표현을 해야 밥을 준다. 아픈 사람도 병원에 가야 주사를 맞을 수 있다. 좋은 직장에 취직하기 위해서는 그 직장에 맞는 조건을 갖추고 있어야 한다. 아무것도 하지 않으면서 저절로 주어지기만을 바란다면 아무런 일도 일어나지 않는다.

답 노력하지 않으면 얻을 수 있는 것이 없다.

5. 칭기즈칸은 세계를 움직인 가장 역사적인 인물로 꼽히고 있다. 그는 혹독한 역경을 딛고 일어서서 개방적이면서도 용기가 넘치는 지도력으로 세계를 지배하였으며, 그가 세운 세계 정벌 기록은 누구도 깨기 어려웠다. 칭기즈칸의 지도력에 대하여 관심을 가지는 사람들이 늘어나고 있다.

답 칭기즈칸은 그 누구도 하기 어려운 세계 정벌을 하였다.

활동지 7

주제 찾기

이 활동지는 읽기 능력을 향상시키기 위한 것으로서 글을 읽고 중심 내용을 찾아 보도록 지도합니다.

다음 글을 읽고 물음에 답해 보세요.

이순신의 어린 시절

이순신은 1545년 4월 28일, 축복받은 화창한 봄날에 서울의 남산 북쪽 기슭 건천동(지금의 인현동)의 이정이라는 한 선비의 집에 네 형제 중 셋째 아들로 태어났다.

이순신의 증조할아버지는 병조 참의와 사헌부 장령을 지냈고, 할아버지 역시 평시서 봉사 벼슬을 지냈다. 그러나 할아버지가 벼슬을 지내던 무렵, 나라에서는 당파 싸움으로 기묘사화가 일어나 조광조를 비롯한 많은 충신이 억울하게 죽거나 벼슬을 빼앗기게 되었다. 이순신의 할아버지도 옳은 일을 하려다 오히려 누명을 쓰고 벼슬을 그만두게 되었다.

아버지 이정은 자신의 아버지가 억울한 삶을 산 것을 보고 벼슬에 대한 욕심을 버리고 동네 아이들을 가르치는 훈장이 되었다. 그 때문에 생활이 넉넉하지는 않았지만 자식 교육에는 소홀함이 없었다.

이순신의 어머니는 평소에는 매우 다정하고 자애로우신 분이었으나, 아이들의 교육만은 엄격하게 시키셨다. 특히, 아들에게는 늘 남자다움을 잃지 말라고 가르치셨다. "사내란 목이 달아나도 제 입으로 한 말은 지켜야 하며, 또한 나라를 위한 일이라면 온 집안의 목숨이 위태롭더라도 해야 한다. 그러지 않고서는 큰일을 이루지 못한다."라고 늘 말씀하셨다.

이순신은 어머니의 가르침대로 어릴 때부터 용기 있는 아이로 성장하였다. 평생

어머니의 가르침을 따르려고 노력하였다. 그래서 집안일보다는 국가를 먼저 생각하게 되었고, 모든 일에 용기를 낼 수 있었다. 또한 이순신은 자라면서 고구려의 명장인 을지문덕 장군을 비롯하여 고려 때의 강감찬 장군, 그리고 수군을 강하게 길러 바다에서 왜구를 막아야 한다고 주장한 최영 장군 등 이름난 장수들에 대한 위대하고 용감했던 이야기를 읽고 큰 감명을 받아 그들처럼 용감한 장수가 되겠다고 다짐했다.

1. 1문단 주제

답 이순신 장군의 출생

2. 2문단 주제

답 할아버지의 곧은 정신

3. 3문단 주제

답 아버지 이정의 가르침

4. 4문단 주제

답 어머니의 교육관

5. 5문단 주제

답 이순신 장군의 다짐

활동지 8

배경지식과 경험 떠올리기

이 활동지는 읽기 능력을 향상시키기 위한 것으로서 글을 읽으면서 자신의 배경지식이나 경험과 연관시켜 기억을 떠올려 보도록 합니다. 정답이 있는 것이 아니므로 자유롭게 생각할 수 있도록 지도해야 합니다.

다음 글을 읽고 물음에 답해 보세요.

자주적인 사람

남이 시켜서 하는 일은 즐겁지 않고 짜증이 날 수 있지만 스스로 찾아서 하는 일은 즐겁고 무엇보다 정성들여 하기 때문에 결과가 좋다. 따라서 일을 즐겁게 잘 하려면 스스로 찾아서 해야 한다.

스스로 생각하고 행동하며 살아가는 사람을 자주적인 사람이라고 한다. 자주적인 사람은 다른 사람의 생각이나 판단에 무조건 따르지 않고 해야 할 일과 하지 말아야 할 일을 스스로 판단하고 결정한다. 이들은 스스로 일을 찾아서 하기 때문에 어디서나 칭찬을 듣는다. 청소도 스스로 찾아 하며 숙제나 공부도 스스로 계획을 세워서 한다.

하지만 자주적이지 못한 사람은 해야 할 일을 미루거나 일을 시작했더라도 끝까지 해내지 못해 눈총을 받는다. 스스로 하는 습관은 학년이 높아진다고 해서 저절로 생기는 것이 아니다. 그것은 자신의 노력과 실천으로 만들어진다.

자주적인 사람이 되기 위해서는 우선 생활 계획표를 만들어 그 계획에 따라 실천하는 것이 중요하다. 그리고 해야 할 일과 하지 말아야 할 일을 스스로 판단하고, 해야 할 일에 대해서는 미루지 않도록 노력해야 한다.

1. 이 글과 관련하여 예전부터 알고 있던 것을 모두 적어 보자.

답 누군가 시켜서 하는 일은 즐겁지 않고 짜증나지만 스스로 찾아 하는 일은 즐겁다.

2. 이 글과 관련하여 경험한 것을 모두 적어 보자.

답 얼마 전에 이가 너무 아파 치과에 갔다. 의사선생님께서 이를 깨끗이 닦지 않아 충치가 생겨 아픈 것이라 했다. 사실 나는 이를 잘 닦지 않아 매번 엄마에게 혼이 난다. 충치치료를 받으면서 앞으로는 스스로 잘 알아서 이를 깨끗이 닦겠다고 다짐했다.

1 시험을 잘 보기 위한 읽기 전략 101

2 실수를 줄이려면 5단계로 풀어라 104

3 정확히 읽고 표시하라 107

4 정확히 읽어야 정답이 보인다 110

5 지문을 잘 읽으면 답이 보인다 112

6 지문을 꼼꼼히 분석하라 115

5

시험에서 100점을 위한 읽기 전략

5

시험에서
100점을 위한
읽기 전략

수험생들은 정답이 있는데도 왜 오답을 선택하게 될까? 그것은 정해진 시험 시간 동안 마음은 급하고 문제를 정확하게 파악하지 못해 출제자의 의도와 다르게 해석하기 때문이다. 수험생들은 대부분 지문과 답지가 수준보다 어렵거나 문제의 진술이 어려울 때 정답을 맞히지 못한다.

출제자는 문제를 출제할 때 이의 제기를 줄이기 위하여 사람마다 다르게 해석되는 문장은 가급적 사용하지 않으려고 노력한다. 출제자의 의도를 정확하게 이해하지 못하거나 잘못 해석하게 되면 수험생들은 함정에 빠질 확률이 높다. 따라서 출제자의 의도를 파악하는 것은 실수를 줄이고 고득점을 하는 데 매우 중요하다.

1 시험을 잘 보기 위한 읽기 전략

제목과 관련해 알고 있는 것을 연상한다

먼저 읽어야 할 책에 대한 제목을 보고 미리 내용을 연상해 본다. 연상한 내용이 본문의 내용과 맞거나 틀려도 기억에 오래 남아 공부에 도움이 된다.

내용과 관련해 알고 있는 지식과 경험을 떠올린다

내용과 관련해 알고 있는 지식이나 경험이 있을 때 상황을 떠올리며 읽으면 연상이나 글의 이해에 도움이 된다.

저자의 의도를 파악하면서 읽는다

책을 읽으면서 저자가 독자에게 알려 주고 싶은 것이나 강조하는 것, 중요한 내용을 파악해 보면 전체적인 내용을 전부 암기할 필요 없이 중요한 것만 기억해 두므로 공부에 도움이 된다.

적절한 상황에 연관시켜 본다

책을 읽는 도중 내용과 관련하여 알고 있는 지식이나 경험이 없을 경우 적절한 상황을 떠올려 연결시켜 보면 기억에 오래 남아 공부에 도움이 된다.

전체 내용과 연관시켜 읽는다

교재나 참고서는 단락 단락으로 나뉘어 있지만 이것을 하나의 큰 흐름으로 보고 내용에 연결시켜 읽으면 전체 흐름이 파악되면서 기억에 오래 남는다.

자신이 주인공이 되어 생각한다

글의 내용 중에 주인공이 있다면 자신을 주인공으로 만들어 나라면 어떻게 하였을지 생각해 보며 읽으면 기억에 오래 남는다.

모르는 단어는 의미를 정확히 한다

책을 읽으면 모르는 단어가 나오기 마련이다. 이때 모르는 단어를 지나쳐 버리면 기억하기가 어려워지므로 단어의 의미를 찾아서 정확한 뜻을 알아내야 내용을 바로 이해하는 데 도움이 된다.

속도를 달리 한다

책을 읽을 때는 모든 내용을 동일한 속도로 읽는 것이 아니라 어렵거나 중요한 정도에 따라 읽는 속도를 달리 해야 한다. 어렵거나 중요한 내용은 정독하는 것이 좋고 쉽거나 중요하지 않은 내용은 속독으로 넘어가도 좋다.

정독한다

책을 읽으면서 눈으로만 읽는 것이 아니라 기억하려고 노력해야 한다. 책을 읽을 때 눈으로만 읽지 말고 내용을 머릿속에 기억하려고 노력하면서 읽는 것이 기억에 오래 남는다.

궁금한 것에 대해 스스로 질문해 보고 답을 해 본다

책을 읽다가 내용이 이해되지 않아 궁금한 것이 생기면 스스로 질문해 보고 답을 해 보면 기억에 오래 남는다. 그래도 모르는 내용에 대해서는 밑줄을 그어 놓고 찾아본다.

원인과 결과를 생각하면서 읽는다

책을 읽을 때 적극적인 집중을 하며 읽는 방법은 책의 내용을 읽으면서 그 원인이 무엇인지, 또는 그래서 결과는 어떻게 되었는지 유추하면서 읽는 것이다. 나아가 개별적인 지식의 나열로 읽기보다는 원인과 결과를 연계하여 이야기로 만들어 가면서 읽는 것이 기억에 도움이 된다.

2 실수를 줄이려면 5단계로 풀어라

시험을 보고 나서 '조금만 더 읽었으면 맞았을 텐데' '실수해서 틀렸다' '성격이 급해서 틀렸다' 라는 말을 자주 하는 학생들은 문제를 정확하게 분석하는 능력이 부족하기 때문이다. 이들은 문제를 풀 때 단계별로 푼다면 실수로 틀리는 일이 생기지 않을 것이다.

시험문제를 단계별로 풀면 어느 부분에서 막히는지 알 수 있기 때문에 문제를 계속 풀어야 할지 다음 문제로 넘어가야 할지 판단을 할 수 있다. 단계별로 문제를 푸는 것은 시험에서 실수로 틀리는 상황을 막아 주며, 문제를 풀면서 시간을 낭비하는 것 또한 막는다.

읽기

문제를 처음부터 끝까지 읽어 '아닌 것은?' '반대인 것은?' '해당되지 않는 것은?' '관계없는 것은?' '거리가 먼 것은?' 등의 부정적 지문을 찾아낸다. 그리고 '가장 알맞은 것은' '가장 적당한 것은' 등의 '가장' 이라는 지문을 찾아낸다.

판단

암기한 것을 기억해 내는 문제인지, 이해를 묻는 문제인지, 적용을 묻는 문제인지 판단한다. 판단 단계에서 문제가 어렵거나 푸는 데 시간이 많이 걸릴 것 같으면 다음 문제로 넘어가고 시간이 남을 때 다시 푼다.

문제풀기

문제를 풀기 위해서는 필요한 단서가 무엇인지 찾아야 한다. 단서는 내가 가진 배경지식뿐만 아니라 출제자의 출제 의도를 정확하게 파악하는 것이다. 문제를 풀고 나면 찾은 답이 원하는 정답인지 다시 확인한다.

정답찾기

맞는 답을 고른다.

검토하기

찾은 답이 맞는 것인지, 틀린 것인지 검토한다. 이처럼 검토를 해서 이상이 없으면 다음 문제로 넘어간다. 그러나 검토를 했다고 해서 완전히 끝내는 것이 아니라 모든 시험문제를 다 풀고 시간이 남으면 읽기부터 다시 해 보는 것이 안전하다.

읽기	판단	문제풀기	정답찾기	검토하기
문제를 처음부터 끝까지 읽는다.	암기한 것을 기억해 내는 문제인지, 이해를 묻는 문제인지, 적용을 묻는 문제인지 판단한다.	문제를 풀기 위해 필요한 단서가 무엇인지 찾아야 한다.	종합 사고력으로 합당한 답을 찾는다.	찾은 답이 맞는지 틀린지를 검토한다.

1. 열의 이동 방향을 가장 바르게 설명한 것은?

① 질량이 큰 물체에서 작은 물체로 이동한다.

② 온도가 높은 물체에서 낮은 물체로 이동한다.

③ 온도가 낮은 물체에서 높은 물체로 이동한다.
④ 기체 상태에서 고체 상태인 물체로 이동한다.
⑤ 에너지가 많은 곳에서 에너지가 적은 곳으로 이동한다.

읽 기	가장 바르게	판 단	이해
문제풀기	• 단서: 온도, 질량, 기체, 에너지 • 다른 것은 설명이 다 하나씩인데 온도만 두 번이나 나오고 서로 반대이므로 답일 확률이 높음		
정답찾기	②		
검토하기	① 질량이 작은 물체에서 큰 물체로 이동한다. ④ 고체 상태에서 기체 상태로 이동한다. ⑤ 에너지가 적은 곳에서 많은 곳으로 이동한다.		

연습문제

남북통일에 따른 효과를 바르게 예측한 것은?

① 관광 수입의 감소
② 국토 면적의 축소
③ 국방비 부담의 증가
④ 경제 발전에 따른 투자 증가
⑤ 남북 간 문화의 이질성 확대

읽 기	바르게	판 단	이해
문제풀기	남북통일	정답찾기	④
검토하기	① 관광 수입의 감소 → 증가 ② 국토 면적의 축소 → 확대 ③ 국방비 부담의 증가 → 감소 ⑤ 남북 간 문화의 이질성 확대 → 축소		

3 정확히 읽고 표시하라

실수로 시험문제를 틀리는 학생들에게 물어보면 시험문제를 제대로 읽지 않고 넘어간 경우가 많다. 이러한 현상은 공부를 전혀 하지 않은 학생에게서도 발생하지만, 의외로 공부를 많이 한 학생에게서도 흔히 나타난다.

공부를 전혀 하지 않은 학생은 문제를 보면서 자신이 풀 수 있는 문제로 보려는 욕구가 강하게 생긴다. 그러다 보니 자신이 아는 것들만 보여 문제를 정확하게 인식하지 못한다. 공부를 많이 한 학생은 워낙 문제지를 많이 풀다 보니 문제의 앞부분만 읽고 기계적으로 문제에 정답을 하기 쉽다. 이렇게 되지 않기 위해서는 처음부터 끝까지 읽고 문제를 푸는 배경지식을 만들어야 한다. 배경지식을 만드는 방법은 문제를 분석하는 방법이다. 문제를 분석하기 위해서는 다음과 같이 하면 좋다.

부정적인 지문에 밑줄을 긋는다

시험문제 중에는 '아닌 것은?' '반대인 것은?' '해당되지 않는 것은?' '관계없는 것은?' '거리가 먼 것은?' 등의 부정적 문제가 10% 정도 출제된다. 통상적으로 부정적 지문에는 밑줄이 그어져 있거나 굵은 글씨로 표시되어 있다. 그러나 실수로 밑줄이 그어지지 않을 수도 있으므로 부정적인 지문을 찾아서 밑줄을 그어 두면 실수로 틀리지 않을 수 있다.

예문) | 다음 중 학교의 장점을 설명한 것이 <u>아닌</u> 것은? |

긍정적인 지문에 동그라미를 친다

시험문제 중에는 '가장 알맞은 것은' '가장 적당한 것은' 등의 긍정적 문제가 많다. 긍정적 지문에 동그라미를 치면 부정적인 지문과 차별화되고 문제의 성격이나 유형을 분석하는 데 도움이 된다.

예문) 다음 중 조선시대의 특징 중에서 가장 적당한 것은?

핵심 단어에 사각형을 그린다

시험문제를 읽다 보면 문제를 푸는 데 핵심적인 역할을 하는 단어가 있다. 그 단어에 사각형을 그려 두면 문제를 푸는 데 핵심이 무엇인지 정확하게 알 수 있어 집중력을 높일 수 있다. 또한 문제를 다시 풀 때도 핵심 내용이 무엇인지 빠르게 파악할 수 있기 때문에 시간이 절약된다.

예문) 다음 중 임진왜란 때 활동한 의병장 중에서 금산에서 주로 활동한 사람은?

지문을 읽고 정오를 기호로 표시한다

시험문제를 읽고 지문을 읽다가 확실히 틀리다는 생각이 들면 번호 앞에 '×' 표시를 해 두고, 확실하지 않으면 '?' 표시를, 확실히 맞다는 생각이 들면 'O' 표시를 해 둔다. 표시와 함께 맞는 이유나 틀린 이유를 '→' 와 함께 적어 놓으면 문제를 정확하게 풀 수 있다. 이러한 표시는 문제를 다시 풀 때도 표시만 보고 빠르게 파악할 수 있기 때문에 시간을 절약할 수 있다.

예문)

밑줄 친 단어의 문장성분이 주성분에 해당되지 <u>않는</u> 것은?

O1. 철수의 동생은 <u>키가</u> 아주 크다. → 주어(주성분)

O2. 그 사람이 말도 없이 <u>사라졌다.</u> → 서술어(주성분)

O3. 토마토는 <u>과일이</u> 아니라 채소다. → 보어(주성분)

? 4. 영희가 반찬은 안 먹고 <u>밥만</u> 먹고 있다. → 목적어(주성분)

×5. 행동하는 것을 보면, 철수는 <u>너와는</u> 달라 → 부사어(부속성분)

연습문제

1. 다음 중 향토 문화재를 잘 보전해야 하는 가장 큰 이유는?

① 관광자원으로 개발하기 위하여

② 많은 수입을 올릴 수 있으므로

③ 다른 고장에 자랑하기 위하여

④ 역사적으로 중요한 것이므로

⑤ 산업 발전의 기초가 되므로

답 ④

2. 지역사회에 나타나는 문제를 해결하기 위한 방법으로 <u>가장</u> 바람직한 것은?

① 모든 문제를 공공기관에서 해결한다.

② 이해관계가 있는 사람끼리만 모여 해결한다.

③ 지역주민의 문제는 행정기관에서 간섭하지 않아야 한다.

④ 지역주민들과 여러 기관이 협력하여 문제를 해결한다.

⑤ 자연재해는 예방할 수 없기 때문에 문제가 발생한 후 대책을 마련한다.

답 ④

4 정확히 읽어야 정답이 보인다

교사들이 문제를 출제하다 보면 모든 것을 완벽하게 하기는 어렵다. 학교에서 시험문제는 통상적으로 시험 시작 보름 전부터 문제를 출제한다. 문제를 출제할 때 교사들은 교무실에 '시험기간 중 학생 출입금지' 라는 표어를 써 붙여 놓고 시험문제 출제에 신경이 곤두 서 있다. 하지만 아무리 신중을 기해서 출제해도 시험을 보고 나면 잘못 출제한 시험문제가 나와서 다 맞게 하거나 복수의 답을 인정하는 경우가 종종 생긴다. 이러한 상황은 학교시험에서만 나타나는 것이 아니다. 국가에서 관리하는 수능시험에서도 마찬가지다. 따라서 시험문제를 정확히 읽으면 그 안에 답이 보이는 경우가 있다.

예문)

물의 상태 변화에 대한 설명이다. 바르게 된 것은?

① 0℃ 얼음이 열을 방출하면 0℃ 물이 된다.
② 0℃ 물은 0℃ 얼음과 분자운동 속도가 같다.
③ 물이 열을 방출하면 분자운동 속도가 빨라진다.
④ 100℃ 수증기가 열에너지를 흡수하면 물이 된다.
⑤ 100℃ 수증기는 100℃ 물보다 분자운동 속도가 빠르다.

답 지문이 길면 답일 가능성이 있으므로 ⑤

같은 단원 문제에서 힌트를 얻는다

같은 단원에서 문제를 출제하다 보면 서로 내용이 중첩되는 경우가 있다. 따라서 어떤 문항에 대한 정답의 단서가 다른 문항에 의해 제공될 수 있기 때문에 잘 모르는 문제가 나오더라도 같은 단원의 문제를 찾아보면 단서를 얻을 수도 있다.

예문)

1. 다음 우리나라 각 시대에 지급되었던 토지의 종류 중 그 지급 대상이 나머지 넷과 다른 것은?

① 정전　② 녹읍　③ 과전　④ 직전　⑤ 공음전

답 ①

해설) ② 녹읍, ③ 과전, ④ 직전, ⑤ 공음전은 관리들에게 지급한 것이다.

① 정전: 통일신라시대 토지제도의 지목

② 녹읍: 신라시대에 관료에게 직무의 대가로 지급한 논밭

③ 과전: 고려 · 조선 시대에 국가가 국정 운영에 참여한 대가로 문무양반 등 직역자(職役者)에게 그 직책의 품(品)을 기준으로 한 과(科)에 따라 일정한 특권을 갖도록 지정한 토지

④ 직전: 고려시대에 문무 관료 및 각종 직역을 진 자들에게 지급한 토지

⑤ 공음전에 고려시대 관리에게 토지를 지급하는 전시과 토지제도의 토지 항목 중의 하나

2. 다음 중 조선시대의 토지제도가 아닌 것은?

① 공신　② 별사전　③ 과전　④ 군전　⑤ 공음전

답 ⑤

해설) 공음전은 고려시대 토지제도의 항목으로서, 문제 1과 2가 동시에 출제되면 일부 지문이 같아서 힌트를 얻어 풀기가 쉽다.

정답의 특정 규칙을 찾아본다

꼭 그렇지는 않지만 정답을 찾기 어려울 때는 정답의 위치가 가운데로 몰리는 경향이 있다는 것을 생각하여 가운데 지문 중에서 답을 찾는 것도 효과적인 방법이다.

[족집게 노트] 정답과 오답을 찾아 주는 낱말들

시험을 잘보는 방법은 공부를 확실히 해서 답을 찾는 것이다. 하지만 어쩌다 공부를 하지 않은 상태에서 시험을 보게 되었을 때 답을 찾을 수 없거나 지문 중에서 헷갈린다면 어떻게 하는 것이 좋을까. 나는 학생일 때 상투적인 표현이나 언어적인 연상, 절대적인 어구 등에서 단서를 자주 찾곤 했다. 예를 들면, '결코' '절대로' '반드시' '항상' '확실히' '모든' '언제나' 등은 대부분 오답일 가능성이 많다. 이에 반해 '보통' '흔히' '일반적으로' '대개' '대체로' '때로는' '드물게' 등은 대부분 정답일 가능성이 많다. 이 같은 방법으로 단서를 찾아 문제를 푸는 다음 예문을 살펴보자.

예문)

액체 상태의 물질에 열에너지를 가했을 때 나타나는 변화 내용이다. 잘못된 것을 고르시오.

① 분자 사이에 작용하는 힘이 점점 약해져서 끊어지기도 한다.
② 분자 알갱이의 운동 속도가 빨라진다.
③ 분자 알갱이 사이의 거리가 반드시 좁혀진다.
④ 액체 부피가 점점 커진다.
⑤ 액체의 질량은 변하지 않는다.

해설) 이 문제에서 '반드시'가 들어 있는 지문은 오답일 가능성이 있으므로 정답은 ③번이다. 액체 상태의 물질에 열에너지를 가하면 분자 알갱이 사이의 거리는 넓어진다.

5 지문을 잘 읽으면 답이 보인다

객관식 긍정형 문제를 만들 때는 5개의 지문 중에서 1개만 맞고 나머지 4개는 틀려야 한다. 따라서 틀린 지문을 4개나 만들어야 한다. 틀린 지문은 무작정 만드는 것이 아니다. 일정한 규칙을 가지고 만들기 때문에 지문을 정확하게 읽으면 옳은 지문을 쉽게 고를 수 있다. 다음 보기에 따른 틀린 지문은 다음과 같은 규칙으로 만든다.

정답과 반대거나 틀리게 한다

지문을 잘 읽으면서 다른 지문에 비해 반대로 표현되어 있거나, 부정적으로 되어 있는 지문은 틀린 지문으로 의심해 볼 필요가 있다.

예) 우리나라는 강산이 청명해서 아름답지 않다.

내용의 일부를 바꾼다

내용의 일부를 바꾼 것으로, 지문이 자연스럽지 않거나 다른 지문에 비해서 특별한 것은 틀린 지문으로 의심해 볼 필요가 있다.

예) 영국은 강산이 청명해서 아름답다.

문장 연결이 어색하다

문장을 일부러 틀리게 바꾼 것으로, 연결이 어색하거나 원인과 결과가 어색한 지문은 틀린 지문으로 의심해 볼 필요가 있다.

예) 우리나라는 사람이 착해서 아름답다.

과장한다

원래 맞는 지문에 과장을 한 것으로, '항상' '~만' '~뿐' '모두' '최고' 와 같은 단어들이 포함된 지문은 틀린 지문으로 의심해 볼 필요가 있다.

예) 우리나라는 강산이 세계 최고로 아름답다.

문항과 전혀 관련 없는 지문을 사용한다

틀리지는 않지만 문항과 전혀 상관없는 지문은 틀린 지문으로 의심해 볼 필요가 있다.

예) 중국은 바다가 아름답다.

예문)

다음 중 조선이 한양을 도읍지로 정한 이유는 무엇인가?

① 고려의 도읍지였기 때문에 → 틀리게 수정한 경우

② 경치가 너무 아름다워서 → 과장한 경우

③ 한반도의 최남단에 있기 때문에 → 과장한 경우

④ 북방 민족의 침략을 막기 위해서 → 관련없는 지문을 사용한 경우

⑤ 육로와 수로 교통이 편리하기 때문에 → 정답

연습문제

1. 지방자치제도의 가장 핵심적인 특징은 무엇인가?

① 지역주민이 지켜야 할 법을 만든다.

② 주민의 복리를 증진시키는 일을 한다.

③ 지역주민의 행정적인 일을 처리한다.

④ 지역경제를 발전시키는 활동을 한다.

⑤ 자기 지역의 일을 주민이 스스로 처리한다.

답 ⑤

2. 다음 제시된 내용의 공통점으로 가장 적절한 것은?

· 우리나라의 촌락은 대부분 마을 뒤에는 산이 있고 마을 앞으로는 하천이 흐르는 곳에 위치해 있다.
· 우리나라는 각 지역마다 독특한 가옥구조가 나타난다.

① 자연과 조화를 이루며 생활하려는 조상의 슬기로움을 느낄 수 있다.

② 다양한 생활 모습이 국토 공간에 반영되어 있음을 알 수 있다.

③ 우리가 살고 있는 곳은 후손이 계속 살아갈 공간임을 알 수 있다.

④ 촌락의 위치와 가옥 구조 모두 우리나라의 자연환경 특색과는 무관함을 알 수 있다.

⑤ 우리가 살고 있는 곳은 오랫동안 민족의 생활무대가 되어 온 곳임을 알 수 있다.

답 ②

6 지문을 꼼꼼히 분석하라

시험 성적이 좋지 않은 학생일수록 시험을 보고 나서 실수를 많이 했다고 한다. 이는 시험을 보고 나서 자신이 표시한 답을 정확하게 분석하지 못한 경우가 대부분이다. 문제를 풀고 자신이 적은 답을 정확하게 분석하면 실수를 줄이는 데 도움이 된다. 따라서 자신의 답이 확실한 답인지 꼼꼼히 분석해야 한다.

객관식이라면 자신이 선택한 답이 왜 1번 또는 2번인지 그 이유를 정확하게 분석한 다음 지문 옆에 써 두는 것이 좋다. 반대로 답이 아닌 것은 왜 답이 아닌지를 분석하여 적어 두면 자신의 답이 정답인지 아닌지 확실하게 결정하는 데 도움이 된다. 주관식이라면 왜 답이 그런 것인지 분석해야 한다. 또한 다른 답이 안 되는 이유에 대해서 생각하는 것도 도움이 된다.

다음 예문을 살펴본 뒤에 연습문제를 풀어 보자.

예문)

거란의 침입 이후 고려가 실시한 국방강화정책은?

× ① 거란에 동북 9성을 반환하였다. → 윤관이 별무반을 조직, 천리장성 동북방의 여진족 정벌 후 쌓은 9성이므로 여진족과 관계가 있고 거란과는 관련이 없음.

× ② 송나라에 군사 동맹을 요청하였다. → 송나라와는 외교만 하였기에 잘못되었음.

× ③ 삼별초를 조직하여 운영하였다. → 삼별초는 몽고와 관련이 있고 거란과는 관련이 없음.

○ ④ 개경 주위에 나성을 축조하였다. → 강감찬 장군이 거란을 물리치고 국방력을 강화하기 위하여 개경 주위에 나성을 축조하였기에 정답임.

× ⑤ 별무반을 조직하여 전방에 배치하였다. → 고려 숙종 때 여진을 정벌하기 위해 편성되었다가 여진과의 강화가 성립되면서 해체된 군사조직이므로 거란과는 관련이 없음.

연습문제

1. 고려의 영토가 압록강 유역까지 확대된 계기는?

① 공민왕의 영토 확장

② 서희의 강동 6주 회복

③ 태조 왕건의 북진정책 추진

④ 윤관의 동북 9성 설치

⑤ 강감찬의 귀주대첩

답 ②

2. 고려 후기 공민왕이 실시한 개혁정책이 아닌 것은?

① 정동행성 폐지

② 정방 폐지

③ 친원파 숙청

④ 과전법 실시

⑤ 쌍성총관부 탈환

답 ④

다음 예문은 기본적으로 알고 있는 상식으로 먼저 맞는 지문을 고른 뒤에 남아 있는 지문 중에 찍어서 답을 찾아 문제를 푸는 방식이다.

예문)

다음 중 열에 대한 설명으로 옳지 않은 것은?

① 전기나 빛과 같이 에너지의 한 종류다.
② 물체의 온도를 높이고, 상태 변화를 일으킬 수 있다.
③ 열은 찬 물체에서 뜨거운 물체로 이동한다.
④ 열을 가하면 물질을 이루는 분자의 운동이 활발해진다.
⑤ 상태가 변화하는 동안 열을 계속 흡수하거나 방출한다.

답 ③

해설) 상식적으로 전기나 빛은 에너지가 맞으며, 열을 가하면 운동이 활발해지고, 물체의 온도를 높이면 상태 변화가 일어난다. 따라서 ③번과 ⑤번 중에서 하나를 찍으면 된다.

[족집게 노트] '찍기' 비법

객관식 문제는 문제의 채점을 객관적으로 할 수 있다는 점에서 생겨난 것이지만, 문제를 푸는 학생의 입장에서도 매우 유리하다. 주관식은 모르면 답을 전혀 쓸 수 없지만 5지 선다형의 객관식 문제는 아무 번호나 한 개를 찍어도 맞을 확률이 1/5이나 되는 것이다.

만약, 5지 선다형 객관식 문제를 10문제 출제했다면 전혀 문제를 풀지 못하는 사람도 적당한 번호를 잘 고르면, 우연에 의해 모두 맞힐 수도 있고, 최소 2문제는 맞힐 수 있는 확률이 있다. 물론 운이 없다면 그 2문제도 맞히지 못하고 다 틀릴 수도 있겠지만.

객관식 문제는 사실 그 나름대로의 요령만 알고 있으면 훨씬 높은 점수를 받을 수 있다. 물론 바르게 공부하는 학생이라면 이러한 요행을 결코 바라서는 안 되며, 오직 정도로만 공부를 해야 한다. 하지만 이러한 학생도 답을 모르는 객관식 문제를 만날 수 있기 때문에 찍는 방법을 알아 둘 필요가 있다.

나도 학생일 때 문제를 풀다가 정확하게 잘 모르면 답을 찍었던 기억이 있다. 나는 이때 찍기를 효과적으로 하기 위해 시험 과목에 대해 최소한의 공부를 했다. 왜? 만약 전혀 공부를 하지 않고 찍게 되면 틀릴 확률이 높지만 어느 정도 기본 지식만 가지고 있어도 맞을 확률이 훨씬 더 높아지기 때문이다.

예를 들어, 5지 선다형 문제가 나왔다고 하자. 그중 지문의 2개 정도만 정확하게 알고 있어도 맞을 확률은 1/5에서 1/3로 줄어들지 않겠는가.

1 국어 과목 읽는 방법 123

2 영어 과목 읽는 방법 125

3 수학 과목 읽는 방법 128

4 과학 과목 읽는 방법 130

5 사회 과목 읽는 방법 131

6

과목별로 읽기 방법을 달리하라

6

과목별로 읽기 방법을 달리하라

기억은 기간에 따라 전에 감각하였던 것이 머릿속에 머물다가 갑자기 기억하는 감각기억, 임시로 또는 단기간 필요한 정보를 입력하고 저장하고 재생하는 단기기억, 오랫동안 저장되고 언제든 불러올 수 있는 장기기억으로 구분된다. 또한 방법에 따라서도 경험하는 데 따른 기억이 있고, 머리로 외워야 할 기억이 있고, 운동하다 보면 익히는 기억이 있고, 무의식적으로 익히는 기억이 있다.

학생들이 배우는 교과목에는 지식을 기억해야 하는 과목이 있고, 이해와 태도, 종합, 적용 등으로 기억해야 하는 과목이 있다. 그러므로 한 가지 기억 방법으로 모든 것을 다 기억하려고 하면 효과가 떨어지며, 기억을 하더라도 장기기억으로 바꾸기가 쉽지 않다. 따라서 각 과목의 지식을 효율적으로 기억하기 위해서는 읽는 방법을 달리 해야 한다.

실제로 공부를 잘하는 학생들은 공부하는 과목에 따라 가장 효율적인 읽기 방법을 선택해서 하기 때문에 다른 학생들과 똑같은 시간을 공부해도 좀 더 효과가 높은 것이다. 따라서 읽을 때는 모든 교과목에 똑같은 방법을 적용하기보다는 과목의 성격에 따라 달리할 필요가 있다.

1 국어 과목 읽는 방법

국어는 우리말을 바르게 사용함과 동시에 표현과 이해를 정확히 하여 생각하는 힘을 기르는 과목이다. 국어에서 다루는 영역은 어학, 문학, 문법, 작문 등으로 매우 다양하다. 그러나 국어는 늘 사용하는 말이어서 쉽다는 생각으로 공부를 소홀히 하는 학생들이 있는데, 이는 잘못된 생각이다. 오히려 국어는 우리가 매일 쓰는 것이지만 문법이나 분석을 생활화하지 않고 쓰기 때문에 생소한 것일 수도 있으므로 외국어라 생각하고 읽는 것이 바른 태도다. 국어는 수학이나 영어와 같은 다른 주지 교과에 비해서 기초가 없어도 충분한 이해를 하면 따라갈 수 있고 성적을 높일 수 있는 과목이다.

국어 과목의 공부를 잘하기 위한 읽기 방법은 다음과 같다.

수업 전에 미리 읽어 본다

국어 과목은 수업을 듣기 전에 미리 읽는 습관이 가장 중요하다. 미리 읽지 않고 수업을 들으면 선생님이 무슨 말씀을 하는지 알기 어려울 때가 많기 때문이다. 따라서 수업 전에 미리 배울 내용을 읽어 보면 수업 시간에 선생님의 강의 내용이 머릿속에 쏙쏙 들어올 뿐만 아니라 이해도가 높아진다.

종합적으로 읽는다

국어는 한 과목 안에서 어학, 문학, 문법, 작문 등 다양한 영역을 다룬다. 이 영역들은 어찌 보면 별개의 공부라고 생각할 수 있지만 사실 국어라는 커다란 테두리 안에 서로 연관되어 있다. 따라서 국어는 어느 한 부문만 편식적으로 읽어서는 안 되고 다양한 영역에 대해 읽으면서 종합적으로 이해하도록 해야 한다.

생각을 하면서 읽는다

교과서의 내용을 단순하게 문자적으로 읽으려고 하지 말고 분석적 · 추론적 · 비판적 · 창의적으로 읽는 연습을 한다. 교과서에서 알려 주고자 하는 것이 무엇인지 분석하고, 그에 따라 추론을 해 보고, 객관적 입장에서 비판하며, 새로운 생각을 가지려는 데서 장기기억으로 발전하게 된다.

어휘의 의미를 정확하게 파악하면서 암기한다

국어 과목에 나오는 내용들은 문학작품이 많은데, 문학작품에는 일반적으로 사용하는 것보다 좀 더 풍부한 단어나 어휘가 사용된다. 따라서 암기를 쉽게 하기 위해서는 기초적인 단어나 어휘의 의미를 정확하게 습득하고 문장과 문단을 올바르게 구사하면서 글 전체 내용을 정확하게 이해하는 능력을 길러야 한다.

교과서 외의 작품도 폭넓게 공부한다

국어 공부를 잘하기 위해서는 평상시 교과서에 수록된 작품을 중심으로 깊이 있는 감상을 해야 한다. 그러나 교과서에 있는 작품만 읽으면 비교 대상이 없어서 단편적인 지식으로 끝나기 쉽다. 따라서 분석과 비판력을 높이기 위해서는 교과서 외의 작품을 다양하게 읽어 두어야 한다.

2 영어 과목 읽는 방법

영어는 주지 교과로서 내신 성적이나 입시에서 비중이 매우 큰 과목이다. 또한 영어 공부는 예전에 배운 지식이 누적되어 기초가 튼튼해야 효과를 보기 때문에 짧은 시간에 열심히 읽는다고 해서 금세 좋은 성적을 얻기는 어려운 과목이다.

기초가 부족한 학생들은 무조건 단어와 문법을 암기하는 방식으로 영어 공부를 하려고 한다. 그러나 영어는 기초가 없는 상태에서 무조건 단어나 문법을 암기한다고 해결되는 것이 아니다. 영어를 잘하기 위한 영어 읽기 방법은 먼저 문장을 읽고 그것을 바탕으로 단어와 문법을 읽는 것이 좋다.

집을 지을 때 골조를 튼튼히 하고 벽돌을 쌓아 인테리어를 하는 것처럼, 영어를 공부할 때 문장을 읽는 것은 우선 집을 짓는 데 골조를 튼튼히 하는 것과 같다. 문장을 먼저 읽으면 그 문장을 바탕으로 문법이나 단어를 전부 아우르면서 저절로 영어를 습득할 수 있다.

충분한 문장 읽기를 통해서 기본이 형성된 다음에는 의사소통의 기본 단위인 회화나 변형된 문장을 만들기 위해 문장의 기초인 단어나 어휘를 읽어야 한다. 단어나 어휘를 읽어야 하는 이유는, 골조가 아무리 튼튼해도 벽돌을 쌓아야 집의 형태가 갖추어지는 것처럼 기본을 튼튼히 하는 배경이 되기 때문이다. 또한 아무리 많은 단어나 어휘를 읽고 있다고 해도 이를 적절히 조합할 수 있는 문법을 모르면 소용이 없다.

그뿐만 아니라 문법은 무수히 많은 문장의 공통된 법칙을 찾아서 수학공식처럼 정리해 주는 것이기 때문에 문법을 필수적으로 알아야 응용력과 적용력이 커진다. 문법을 암기하면 단어만 바꾸어서 말하고, 쓰고, 읽고 이해하는 것이 가능해진다. 따라서 단어와 어휘를 충분히 읽고 문법을 암기하는 것은 영어 학습의 가장 효율적이고 경제적인 방법이다.

영어 과목의 공부를 잘하기 위한 읽기 방법은 다음과 같다.

눈으로만 읽지 말고 손으로 쓰면서 정신을 집중해서 읽는다

단어를 읽을 때 쉽게 범하는 실수가 눈으로만 익숙해지도록 읽으면 된다고 생각하는 경우인데, 이는 눈을 떼고 바로 읽은 단어를 써 볼 때 잘 써진다면 문제가 되지 않지만 써지지 않는 것은 읽기 방법이 잘못되었기 때문이다. 따라서 영어 읽기는 눈으로만 해서는 큰 도움이 안 되므로, 보지 않고 손으로 쓸 수 있도록 읽기를 해야 한다.

입으로 읽는다

영어는 다른 과목에 비해서 발음이 중요하다. 따라서 다른 과목은 눈으로 읽을 수 있지만 영어는 소리를 내서 자신의 발음을 귀로 들으면서 읽어야 효과가 높다. 더욱이 영어는 발음이 자연스러워져서 조금의 주저함이 없이 입에서 튀어나올 정도가 되어야 한다. 영어는 오감을 이용해서 읽어야 더욱 효과가 좋다. 따라서 눈으로도 보고, 손으로도 써 보고, 입으로도 발음을 해 보아야 암기가 잘 된다.

분석하면서 읽는다

영어 단어 중에는 단어들의 조합으로 형성된 것이 많다. 따라서 단어의 근간이 되는 어근에 대해서 충분히 이해하고 이를 바탕으로 단어를 조합하면 같은 시간에 많은 단어를 외울 수 있으며, 단어의 활용도도 높아진다. 따라서 읽어야 할 단어를 보고 어근이 무엇이고, 어떤 것이 합성되어 있는지 분석해 보면 쉽게 암기할 수 있다.

스스로에게 질문하면서 읽는다

"I am happy(나는 행복하다.)"라는 문장을 읽어야 한다면 "나는 왜 행복하지?" 또는 "왜 하필이면 'happy' 라는 단어를 썼을까? 나 같으면 'angry' 라는 단어를 사용했을 텐데."라는 질문을 스스로에게 한다. 그리고 자신에게 설명하듯 자신이 이해한 것을 종이 위에 쓰면서 읽어 보는 것이 좋다. 자신에게 질문을 하고 그에 대해 가르치듯이 읽으면 문장이 구체화되면서 질문한 내용이 연상되어 암기할 수 있다.

발음을 우리말과 연관시켜 읽는다

수많은 영어 단어를 암기하는 것은 어렵다. 좀 더 쉽게 암기하는 방법 중의 하나는 영어 단어의 발음을 국어에서 비슷한 말로 대치해서 읽는 것이다. 스펠링은 잘 몰라도 비슷하게 발음한 것을 기억하면 스펠링을 유추하여 기억해 내는 데 도움이 된다.

한국어보다는 영어 회화를 사용해 본다

영어는 자주 현장에서 직접 사용해야 실력이 나아진다. 따라서 일상 속에서 한국어를 쓰는 대신 아는 영어를 자주 반복하여 사용하면 암기한 것이 장기기억이 되어서 도움이 된다. 영어를 사용하는 방법은 단어나 숙어, 회화 등 모든 것을 동원하여 적용하는 것이 좋다. 예를 들어, '아버지' 대신에 'father!'라고 하거나 '좋아요' 대신에 'I am fine'이라고 해 보자.

3 수학 과목 읽는 방법

수학은 읽기보다는 이해하는 과목이라고 생각해서 암기를 하지 않는 학생들이 있다. 그러나 엄밀하게 말하면 수학에서도 읽기는 절대적으로 필요하다. 굳이 비율을 따지자면 수학 공부는 암기 10%와 이해 90%로 이루어졌다고 할 수 있다. 따라서 90%의 이해가 필요하기 때문에 결과적으로 이해도를 높이려면 수학도 읽기를 잘해야 한다. 예를 들어, 사각형의 넓이를 구하는 문제가 출제되었을 때, '가로 길이 × 세로 길이'의 공식을 정확히 알지 못하면 사각형의 넓이를 구하는 문제를 해결할 수 없다. 그렇다고 공식만 기계적으로 암기해서 그 공식에 숫자만 대입하면 답이 나오는 만만한 과목이 아니다. 따라서 수학 공부를 잘하기 위해서는 먼저 공식을 암기한 다음 문제를 푸는 방법인 공식의 유도 과정을 이해해야 한다.

수학 과목의 공부를 잘하기 위한 읽기 방법은 다음과 같다.

공식의 원리를 읽는다

초등학교 수학에서는 공식이 그리 많지 않으며 대부분 넓이를 구하는 공식이지만 중학교 수학에서는 방정식을 배우면서 공식도 많아진다. 그러나 공식이 있다고 해서 무조건 불필요한 공식까지 모조리 암기하면 공식이 서로 헷갈리게 되어 문제가 발생할 수 있다. 따라서 공식을 암기하려고만 하지 말고 원리를 읽어서 이해를 한다면 문제해결이 가능하다.

기초가 부족하면 수학 책을 처음부터 다시 읽어 본다

수학은 영어와 마찬가지로 기초가 없으면 따라가기가 어려운 과목이다. 수학은 기초를 모르고도 '나중에 공부하면 되지.' 라는 생각을 허락하지 않는다. 따라서 기초가 부족하다고 생각하면 그 문제의 기초가 되는 학년의 교과서나 참고서를 가지고 공부를 처음부터 다시 해야 한다.

배운 것을 많이 읽어야 한다

수학은 영어와 마찬가지로 내신이나 수능에서도 비중이 큰 과목이다. 따라서 수학 과목의 점수를 높게 받고 싶으면 어떤 일이 있어도 그날 배운 수학 교과 내용은 그날그날 복습을 해서 완벽하게 내 것으로 만들어야 한다. 그렇지 않고 나중에 공부하려고 하면 기억도 나지 않을 뿐더러 새롭게 혼자 공부해야 하기 때문에 결국은 수학을 포기하게 된다. 따라서 다른 과목도 마찬가지지만 수학은 꼭 많이 읽고 복습을 습관화해야 잘할 수 있다.

4 과학 과목 읽는 방법

과학 과목은 대자연의 오묘하고도 신비스러운 현상을 연구하여 자연 속에 숨겨진 질서와 비밀을 찾아내고, 이것을 이용하여 미래의 세계를 설계하는 학문이다. 보통 과학 과목은 물리, 화학, 생물, 지구과학 등으로 구성되어 있다. 이 4개의 과목 모두 자연의 현상을 연구하고 질서와 비밀을 알아내는 학문이다.

과학에서 다루는 자연현상은 재현이 가능하다는 특성에 따라 자연과학은 실험이 가능하며, 자연현상 속에서도 나름대로의 진리나 법칙을 찾아내려는 특징이 있다. 이 때문에 과학 과목에 대해 학생들은 실험과 관찰만 하면 된다고 가볍게 생각하는 경향이 있다. 그러나 과학은 단순한 실험 실습에 참여하여 이해만 한다고 해서 공부가 다 되는 것이 아니라 과학에서도 읽기 전략이 필요하다. 실험과 관찰만 하면 된다고 생각하는 학생들은 과정이 단순하게만 느껴져 과학이 재미없는 과목이 되기 쉽다. 그러나 과학 과목의 읽기는 원리를 이해하고 추리할 수 있어야 한다. 원리를 알아야 실험과 관찰도 재미있는 공부가 된다.

과학 과목의 공부를 잘하기 위한 읽기 방법은 다음과 같다.

이야기로 만들면서 읽는다

과학은 개별적인 지식의 나열로 읽기보다는 원인과 결과를 연계하여 이야기로 만들어서 읽는 것이 좋다. 수생생물 중 말류, 플랑크톤, 어류에 대해서 암기를 해야 할 때 단편적인 지식으로 읽으면 재미없지만 이것을 상상과 탐구로 이야기를 만들어서 읽으면 훨씬 재미있을 것이다. 예를 들어, 말류는 플랑크톤이 먹고, 플랑크톤은 어류가 먹고, 어류는 사람이 먹는다는 먹이사슬과 연계한다면 기억도 쉽고 재미를 느낄 수 있다.

그림으로 만들어서 읽는다

과학 과목을 재미있게 읽는 방법 중에 하나는 그림으로 만들어서 읽는 것이다. 예를 들어, 동물에는 척추동물과 무척추동물이 있으며, 척추동물에는 어류, 양서류, 파충류, 조류, 포유류가 있다는 내용을 암기해야 할 때 평면적으로 읽고 외우는 것은 어렵지만 개념도나 마인드맵으로 만들어서 읽으면 지식이 체계화되면서 훨씬 암기하기가 쉽다.

실험과 관찰을 하면서 원인과 결과를 생각하여 읽는다

과학 과목에서 상당한 비중을 차지하는 것이 실험과 관찰이다. 이러한 관찰과 실험 시간에 과정을 지켜보기만 한다면 공부에 전혀 도움이 되지 않는다. 관찰과 실험 과정에서 '원인이 무엇이어서 이러한 결과가 나타나는가?' '지금처럼 한다면 과연 어떤 결과가 나올까?' 를 상상해 보며 중요한 내용을 글로 쓴 것처럼 읽어 본다. 이처럼 의식 있는 관찰과 실험은 경험한 것과 같기 때문에 장기기억으로 저장하기 쉽다.

5 사회 과목 읽는 방법

사회는 일반사회나 역사, 지리 같은 과목으로 구성되어 있어서 그 어떤 과목보다 암기할 내용이 많다. 그래서 사회 과목을 암기 과목이라고만 생각하기 쉽다. 이해를 주로 요구하는 과목인 수학이나 과학을 좋아하는 학생일수록 단순한 암기를 해야 하는 사회 과목을 재미없어 하는 경우가 있다. 암기할 내용이 많아서 일일이 암기하기가 매우 귀찮기 때문이다. 그러나 사회 과목을 암기 과목이라고만 단정하지 말고 읽기를 통한 이해와 병행한다면 의외로 쉽게 암기할 수 있는 방법이 있다. 특히 전반적으로 모든 과목의 성적이 낮은 학생일수록 사회 과목에 대한 읽기 방법을 익히면 바로 성적을 올릴 수 있는 장점이 있는 과목이기도 하다.

사회 과목의 공부를 잘하기 위한 읽기 방법은 다음과 같다.

용어의 개념을 명확히 하면서 읽는다

사회 과목은 새로운 용어들 투성이다. 따라서 새로운 용어들을 정확하게 이해하지 않고는 암기가 어렵다. 그러나 요즘의 학생들은 한자교육을 받지 않아 새로운 단어가 나왔을 때 개념 정의가 되지 않아 암기가 쉽지 않다. 따라서 교과서에 새롭게 나오는 전문적인 용어나 낯선 개념에 대해서는 사전을 찾거나 선생님에게 정확한 뜻을 물어서 원래의 뜻부터 이해하면서 읽도록 한다.

개념을 연결하거나 개념도를 만들어서 읽는다

사회 과목은 대부분 사회현상과 역사에 대한 내용이 많은데, 이들은 대개 어떠한 중심을 바탕으로 하위 개념으로 발전시키거나 범주화할 수 있는 내용이다. 따라서 사회 과목의 내용을 단편적인 지식의 나열로 읽을 것이 아니라 개념을 연결하거나 개념도를 만들어서 읽는다면 연상작용과 함께 장기기억으로 만들 수 있다.

나뭇잎보다는 줄기를 보는 읽기를 해야 한다

사회 과목이 외워야 할 내용이 많다고 해서 무작정 암기할 것이 아니라 흐름과 역사적인 시각을 갖추어 읽기를 해야 한다. 특히 국사 교과서의 구성은 사건들의 나열이기 때문에 단편적인 지식으로 읽었다가는 암기한 내용이 뒤죽박죽 되기 쉽고, 기억의 간섭현상으로 기억도 제대로 나지 않는다. 따라서 먼저 줄기인 고대, 중세, 근세 또는 국가별로 암기할 내용을 분류하고 이를 바탕으로 나뭇잎인 세부 내용을 읽어야 이해하기 쉽다.

문제를 많이 풀어 본다

사회 과목은 암기할 것이 많기 때문에 암기를 다 했다고 해서 바로 공부를 끝낼 것이 아니라 문제 풀이를 반드시 병행해야 한다. 암기한 것을 바탕으로 문제를 풀다 보면 암기한 지식을 점검하는 데 도움이 된다. 또한 문제를 풀면서 읽기를 적용하면 분별력과 판단력이 높아져서 비슷한 문제가 출제되었을 때 쉽게 해결할 수 있다.

1 왜! 쓰기가 중요한가 137

2 쓰기를 어떻게 하면 잘할 수 있을까 138

3 쓰기 능력을 측정하는 것이 논술이다 140

4 쓰기 능력 초등학교에서 길러야 한다 141

5 성적을 높이는 데 쓰기 능력이 왜 중요한가 143

7

우리 아이의 평생 성적! 쓰기가 결정한다

7

우리 아이 평생 성적! 쓰기가 결정한다

1 왜! 쓰기가 중요한가

국어 교과서의 영역은 '듣기' '말하기' '읽기' '쓰기' 큰 줄기로 구분되어 있다. 이 네 개의 영역을 다시 한 번 살펴보면 듣기는 읽기와, 말하기는 쓰기와 일맥상통한다는 것을 알 수 있다. 제대로 들으려면 귀로 들어오는 말을 이해해야 하고, 제대로 말하려면 머릿속에서 할 말의 체계가 잡혀야 하기 때문이다. 즉, 읽기와 쓰기는 국어의 양대 산맥이라 할 수 있으며 국어뿐만 아니라 공부를 하는 데 가장 기초가 되는 학습 능력이다.

앞에서 읽기를 보석 같은 정보를 수집하는 것이라고 했는데, 쓰기는 잘 닦아 보관해 놓은 보석을 선별해 나만의 진정한 작품을 만들어 내는 과정이다. 결국 자신이 가지고 있는 많은 지식과 생각을 다른 사람들에게 유려하게 표현하는 데 읽기와 쓰기는 모두 중요한 능력이다.

쓰기는 독자를 전제로 한다. 따라서 일방적으로 내 생각과 느낌을 표현하면 그만인 것이 아니라 독자를 고려하여 내용의 선택과 표현을 조절해야 한다. 쓰는 사람은 자기 생각과 느낌을 글로 나타내는 것이 쓰기의 전부라고 생각하고 독자가 그 글을 고스란히 받아들일 것으로 여긴다. 그러나 실제로 독자는 글을 그대로 받아들이지 않으며, 읽으면서 자기 나름대로 정보를 거부하기도 하고 무시하기도 한다. 어떤 내용은 강화하여 받아들이기도 하고, 심지어 없는 내용을 스스로 만들어 내기도 하면서 자신의 읽기 능력에 따라 글을 재구성한다.

이렇게 볼 때 쓰기는 생각과 느낌을 글로 표현하는 단순한 행위가 아니라 글을 써나가는 과정에서 생각을 바꾸기도 하고, 정교하게 다듬기도 하며, 새로운 생각을 떠올리기도 하기 때문에 상당히 많은 요인을 동시에 고려해야 하는 고등 정신 활동이다. 따라서 쓰기는 쓰는 사람이 가지고 있는 기존의 다양한 경험을 통해 생각을 만들어 내고, 독자가 어떻게 받아들일 것인가를 고민하면서 쓰는 것이므로 그 행위만으로 종합 사고력을 향상시킬 수 있다.

종합 사고력은 판단력, 추리력, 집중력, 창의력, 문제해결력, 논리력, 비판력, 탐구력 등을 말하며, 시험은 종합 사고력을 측정하는 것이므로 쓰기를 잘하면 시험을 잘 치르게 되어 좋은 성적을 얻을 수 있다. 그러므로 쓰기의 중요성은 아무리 강조해도 지나치지 않다. 쓰기를 통해서 얻을 수 있는 사고력을 보면 다음과 같다.

- 판단력: 옳고 그름이나 좋고 나쁨을 판단하는 능력이다.
- 추리력: 몇 개의 사실을 바탕으로 특별한 사건이나 상황이 앞으로 어떻게 진행될지 미리 짐작하는 능력이다.
- 집중력: 한 가지 일에 몰두하는 능력이다.
- 창의력: 새로운 것을 생각해 내는 능력이다.
- 문제해결력: 어떠한 문제가 생겼을 때 이를 해결할 수 있는 능력이다.
- 논리력: 말이나 글에서 생각이나 추리 따위를 이치에 맞게 표현하는 능력이다.
- 비판력: 사물의 옳고 그름을 가리어 판단할 수 있는 능력이다.
- 탐구력: 진리나 학문 따위를 깊이 파고들어 연구하는 능력이다.

2 쓰기를 어떻게 하면 잘할 수 있을까

최근 글쓰기의 중요성이 강조되고 있지만, 자녀에게 어떻게 글쓰기를 가르쳐야 할지 몰라 고민하는 부모가 많다. 쓰기는 누구나 할 수 있지만 다른 사람을 이해시키고 설득할 수 있는 글을 쓰는 것은 쉽지 않다. 학교에서 배운 지식이 아무리 많다고 해도 시험이나 과제에서 원하는 답을 쓸 줄 알아야 좋은 성적을 얻을 수 있다. 또한 대학입시에서는 입시 관계자에게 자신의 생각이나 주장을 이해시키고 그들을 설득할 수 있어야만 대학에 합격할 수 있다. 이처럼 글이라는 것은 무작정 쓴다고 되는 것이 아니라 독자가 이해하고 좋다고 해야 제대로 글을 쓴 것이다. 따라서 글을 잘 쓰기 위해서는 글의 구성 요소와 평가 항목에서 규정한 사항을 고려해 가며 써야 한다.

글을 쓸 때는 내용, 조직, 표현으로 나누어 내용 면에서는 독창성, 상상력, 풍부성, 참신한 제재, 주제의 명료성, 주제와 제재 · 내용의 연결, 주제 · 제재 · 제목의 긴밀성을 고려해야 한다. 조직 면에서는 통일성, 일관성, 논리성, 문단의 구분, 사건이 일어난 순서에 따른 짜임새를 고려해야 한다. 표현 면에서는 문체의 다양성, 풍부한 어휘, 정확한 어휘, 표준 어법, 다양한 문장 유형, 다양한 문장 구조, 관용법, 대조 · 비교 · 열거에 의한 효과적인 표현, 수식어의 적절한 사용, 독특한 글머리, 창의적인 대화문, 맞춤법, 문장 부호, 띄어쓰기, 어순과 어법 등을 고려해야 한다.

〈표 7-1〉 글의 평가 항목

평가 항목	고려 사항
내 용	독창성, 상상력, 풍부성, 참신한 제재, 주제의 명료성, 주제와 제재 · 내용의 연결, 주제 · 제재 · 제목의 긴밀성
조 직	통일성, 일관성, 논리성, 문단의 구분, 사건이 일어난 순서에 따른 짜임새
표 현	문체의 다양성, 풍부한 어휘, 정확한 어휘, 표준 어법, 다양한 문장 유형, 다양한 문장 구조, 관용법, 대조 · 비교 · 열거에 의한 효과적인 표현, 수식어의 적절한 사용, 독특한 글머리, 창의적인 대화문, 맞춤법, 문장부호, 띄어쓰기, 어순과 어법

앞으로의 사회에서는 더 이상 많이 아는 것만으로는 경쟁력이 될 수 없다. 쓰기를 잘하면 진정으로 알고 있는 정보를 비로소 살아 있는 지식으로 의미를 부여하고, 자기만의

주장을 모두가 무릎을 치고 공감할 수 있도록 조리 있게 표현할 수 있게 된다.

읽기를 통해 받아들인 정보는 자신의 생각과 경험을 말하기 때문에 생각이 깊을수록, 경험이 많을수록 쓰기를 잘할 수 있는 기반이 조성된다. 따라서 책을 많이 읽은 사람은 책을 통해 간접 경험을 많이 하고 생각이 깊어져 잘 쓸 수 있다. 그러나 책을 많이 읽지 않았다고 해서 꼭 글을 못쓰는 것은 아니다. 쓰기를 전혀 못했던 사람도 훈련을 통해서 얼마든지 잘 쓸 수 있다.

3 쓰기 능력을 측정하는 것이 논술이다

쓰기 능력이란 쓰기에서 요구하는 지식, 기술의 체계를 통합해 가는 능력을 말한다. 간단하게 표현하면, 쓰기 능력은 자신의 주장이나 의견을 논리적으로 말하거나 쓰는 능력이다. 쓰기 능력의 중요성을 강조하게 된 것은 바로 논술의 등장 때문이다. 논술의 등장으로 교육을 말하는 자리에는 단골손님처럼 '논술'이라는 말이 화두인 시대가 되었다. 대학에서는 학문을 연구하는 데 가장 필요한 능력이 논리적으로 생각하여 표현하는 능력이라고 보고 입시제도에서도 쓰기 능력, 즉 논술을 별도로 치르고 있다.

더욱이 요즘의 대학들은 입학사정관제를 도입하여 논술 능력을 평가할 때 자신의 주장을 얼마나 독창적이고 합리적으로 제시하느냐에 따라 평가의 높고 낮음을 판가름하고 있다. 결국 대학은 좋은 학생을 찾기 위해 부단히 노력하다가 좋은 학생을 구분할 수 있는 근거로 쓰기 능력보다 더 좋은 방법은 없다고 판단하여 논술시험을 치르고 있는 것이다. 이처럼 대학의 변화에 따라 사회는 쓰기 능력의 중요성을 인식하게 되었고, 책 읽기도 논술의 한 유형으로 자리를 잡게 되었으며, 글쓰기 학원이 번창하고 있다. 그러다 보니 마치 논술만 잘하면 모든 것을 잘하는 것처럼 만병통치약이 되기도 하였다.

논술 열풍이 일어난 것은, 요즘의 학생들이 대학에서 학문을 하는 데 필요한 비판적 사고와 논리적인 글쓰기가 미숙하기 때문이다. 즉, 지식을 암기하는 데는 강해도 쓰기 능력은 매우 부족한 현실이다. 결국 대학이나 사회에서 논술을 강조하는 것은 어떠한 것에 대하여 자신의 의견을 이치에 맞게 따져서 서술하는 쓰기 능력을 평가하기 위해서다. 쓰기 능력이 없으면 아무리 지식이 많아도 제대로 표현하지 못하거나, 단편적인 정보의 나열은 할 수 있어도 체계적인 지식으로 만들기는 어렵다. 쓰기 능력은 학교 공부에서만 중요한 것이 아니라 사회생활에서도 자신의 생각이나 비판을 정확하게 말이나 글로 표현하도록 해 준다. 따라서 쓰기 능력이 없으면 결국 학교에서는 좋은 성적을 얻기 어려우며, 사회생활에서도 유능하다는 말을 듣기 힘들다.

이러한 이유 때문에 부모들은 어릴 때부터 아이들의 쓰기 능력을 높이기 위하여 동화책도 읽어 주고, 학습지도 하고, 학원을 보내는 등 많은 노력을 기울이고 있다. 그러나 쓰기 능력을 높이는 방법으로 무조건 책을 읽으라고 하거나 글을 쓰라고 하는 것은 너무나 막연하다. 쓰기 능력을 높이려면 이 책에서 알려 주는 사항들을 주의 깊게 훈련해야 할 것이다.

4 쓰기 능력 초등학교에서 길러야 한다

대학들이 논술시험을 폐지하면서 쓰기 능력에 갖는 초등학교 학부모의 관심은 많이 줄어든 게 사실이다. 하지만 논술시험 대비가 아닌 자기소개서와 포트폴리오 작성을 위한 글쓰기는 초등학교 때부터 준비해야 한다. 일부 대학들은 초등학교 시절에 작성한 일기와 포트폴리오를 평가의 대상으로 삼고 있고, 자기소개서 역시 초등학교 때부터 고등학교까지 이어지는 삶의 기록이 드러나기를 원하기 때문이다. 또한 수학능력시험에서

벼락치기가 가장 어려운 영역이 언어 능력이라고 한다. 언어 능력은 읽기, 말하기, 쓰기 등 여러 영역으로 나뉘는데 이 모든 것의 기초를 배우고 익히는 때가 바로 초등학교 시기다.

초등학교에서의 쓰기 내용은 단어나 언어의 개념 정의, 신문이나 잡지의 해설이나 기사, 물건의 사용법이나 조작법에 대한 설명서, 행사 안내문, 표어, 발표문, 웅변 원고, 반성문, 시, 수필, 감상문, 일기, 편지 등이며, 이들에 대한 기초나 완성 단계까지 다루고 있다. 따라서 초등학교 단계에서 쓰기 훈련을 통한 쓰기 능력을 충분히 갖추지 못하면 중학교나 고등학교에 들어가서도 다시 기초부터 해야 한다. 이러한 쓰기 내용은 초등학교 교육 과정의 모든 과목이나 단원을 이용하여 지도할 수 있다. 다만 그 단계나 난이도를 선택할 때는 쓰기 발달 특성을 고려하는 것이 좋다.

Calkins(1986)의 연구를 토대로 초등학교에서 길러야 할 쓰기 발달 특성을 보면 다음과 같다.

〈표 7-2〉 초등학교에서 길러야 할 쓰기 발달 특성

구 분	1학년	2~3학년	4~6학년
쓰기 과정 이해	×	△	○
글씨 쓰기 제약	○	△	×
독자 고려	×	△	○
글의 구성 형식	한두 낱말이나 문장으로 이야기 전체를 나타내는 것	사건 나열	복합적 구성 가능
주요 구상 방법	그리기	활동과 말하기	사고 활동
표현 방법	그림과 글자	글자	글자
다듬기	낱말 수준	낱말 수준	교정과 편집 가능
글 속에 자신의 생각 표현	잘 드러내지 못함	잘 드러내지 못함	드러낼 수 있음
글의 시작과 끝	단순	단순	구체적이고 변화 있음

초등학교 1학년은 쓰기 과정에 대한 이해가 부족하며, 글씨 쓰기에 제약이 있고, 독자를 고려하지 못한 채 자기 위주의 글을 쓴다. 글의 구성 형식은 한두 낱말이나 문장으로 이야기 전체를 나타내며, 표현 방법은 그림과 글자를 이용하는데, 글 속에 생각을 잘 드러내지 못하거나 글의 시작과 끝이 단순한 편이다.

그러나 초등학교 2, 3학년은 점차 쓰기 능력이 본격적으로 익숙해지는 시기이므로 쓰기 과정에 대한 이해가 시작되며, 글씨 쓰기에 제약이 없어지기 시작하고, 독자를 고려하는 글을 쓰게 된다. 글의 구성 형식은 문장으로 사건을 나열하며, 표현 방법은 글자로 나타내지만 아직 글 속에 자신의 생각을 잘 드러내지 못한다. 따라서 초등학교 2, 3학년부터 본격적으로 쓰기 훈련을 시키면 초등학교 시기에 쓰기 방법을 바로잡아 주게 되므로 중 · 고등학교에서도 쓰기를 잘할 수 있는 쓰기 능력을 향상시킬 수 있다.

5 성적을 높이는 데 쓰기 능력이 왜 중요한가

논술 능력이란 논리적으로 생각한 것을 풀어내는 능력을 말한다. 논술 능력은 글쓰기에서도, 또 말하기에서도 모두 필요하다. 글도 말하는 것과 같이 논리력이 부족하면 설득력을 갖기 어렵다. 설득력이 없으면서 형식만 그럴듯하게 갖추어 놓는다고 해서 좋은 글이 되는 것은 아니다. 따라서 글의 기계적인 형식만을 강조하는 글쓰기나 논술 지도는 논술 능력을 향상시키는 데는 큰 도움이 되지 않는다.

부모들은 초등학교 때부터 논술 교육에 심혈을 기울여 다양한 교육의 기회를 제공한다. 그러나 문제는 초등학교에서 이루어져야 하는 기본적인 소양에 대한 부분은 간과하고 그저 논술문제에 대한 답안을 작성하는 기술만 가르치고 있다는 점이다.

아이가 어떤 사안에 대해서도 논리적으로 생각하고 표현할 수 있도록 아이의 수준에 맞는 지도를 해야 하지만, 현실적으로 학교에서는 입시 위주의 교육에 치중하다보니 쓰기 능력을 높이는 공부를 거의 못하는 상황이 되고 있다. 그러다가 대학에 진학하기 위해 급한 대로 많은 돈을 들여 논술시험의 모범답안을 위한 글쓰기 기술을 익히는 경우가 많다. 결국 입시 위주의 교육을 뒤쫓는 이들이 근시안적 대안을 최고인 양 따라 하면서 상상력과 표현력, 그리고 논리적 사고력을 키워야 하는 초등학생들에게까지 이를 강요하고 있는 것이다.

이제는 한 장의 모범 답안지를 위한 쓰기 교육이 아닌, 아이 스스로 풍요로운 삶을 개척할 수 있도록 스스로 논리적으로 생각하고 글로 표현할 수 있는 쓰기 능력을 향상시키는 교육을 해야 한다.

1 초등학교 1학년 때에는 글쓰기에 흥미를 느끼게 하라 148
2 초등학교 2학년 때에는 글의 종류가 다양함을 알려 주어라 150
3 초등학교 3학년 때에는 생각을 적도록 하라 152
4 초등학교 4학년 때에는 쓰기 과정을 지도하라 153
5 초등학교 5학년 때에는 문법을 지도하라 154
6 초등학교 6학년 때에는 문제해결 능력을 키우도록 지도하라 155
활동지 156

8

초등학교 발달 단계별로 쓰기를 달리하라

8

초등학교 발달 단계별로 쓰기를 달리하라

인간이 다른 동물과 구별되는 가장 중요한 특징은 글자를 사용한다는 점이며, 오늘날 인류 문명이 고도로 발전을 거듭하고 있는 것도 인간의 지혜를 담아 전달해 온 도구, 즉 문자에 의해 이루어진 책의 영향이 크다고 하겠다.

이러한 면에서 올바른 쓰기 지도는 평생교육의 기반으로 여겨지고 있으며, 그 방법적 측면으로는 여러 가지가 있으나 아이들의 발달 심리적 특징에 따라 단계적으로 지도하는 것이 가장 효율적이다.

아이들은 발달 단계에 따라 많은 차이가 나타나는데, 경험한 것이나 학습의 양이 많아짐에 따라 차이가 생기기도 한다. 특히 연령의 차이에 따라 수준이 달라진다. 따라서 쓰기 지도 방법은 학생의 성장 과정과 연결시켜 지도해야만 더 나은 방향으로 진보할 수 있다. 다음은 학생들의 성장 과정에 따른 쓰기 방법을 발달 단계별로 제시한 것이다.

1 초등학교 1학년 때에는 글쓰기에 흥미를 느끼게 하라

초등학교 1학년 때에는 가장 먼저 글을 쓰는 것에 흥미를 가지게 해야 한다. 따라서 글을 쓰는 것이 재미있도록 흥미로운 내용을 선정하여 글을 쓰게 하는 것이 중요하다. 이 시기의 아이들에게는 문제 해결을 위한 언어적 전략이 필요한 만큼 아이들이 실생활에서 맞닥뜨리게 되는 문제 장면이나 상황에서 자신의 생활 경험이나 체험과 관련지어 다양한 사고를 할 수 있도록 해야 한다. 또한 쓰기의 요령이나 형식적인 틀을 강조하기보다는 생각하는 훈련, 사고하는 방법을 지도하고, 생활 속에서 자신의 생각을 친구나 어른들에게 즐겨 말하는 것처럼 쉬운 글쓰기, 쓰고 싶은 글쓰기, 재미있는 글쓰기가 되도록 지도해야 한다.

재미있는 글쓰기를 위해서는 아이들이 흥미를 가질 만한 내용이 무엇인지를 알아야 하며, 재미있는 것을 선정하는 방법을 알아야 한다. 이를 바탕으로 재미있는 내용을 골라 글쓰기를 해야 한다. 그러나 글을 쓰기 위해서는 먼저 낱말이나 문장을 구사할 수 있는 능력이 있어야 한다. 아이가 낱말이나 문장을 구사하지 못하면 우선 받아쓰기를 충분히 하는 것이 좋다.

쓰기에 대해서 흥미를 가지기 위하여 재미있는 것을 선정해서 글을 쓰는 방법은 아이에게 지금까지 가장 기억에 남는 사건이나 경험 등을 물어보고 그것을 글로 간단하게 표현해 보도록 하는 것이다. 대표적으로 일기, 편지, 간단한 독후감, 준비물, 오늘 할 일, 내일 할 일을 쓰도록 지도한다. 글로 전부 표현하기가 어려우면 그림과 함께 나타내도록 한다. 이때 너무 어려운 주제를 주거나 강제로 시키면 쓰기에 대한 부담의 증가와 함께 오히려 쓰기를 거부할 수 있으므로 주의해야 한다.

〈표 8-1〉 초등학교 1학년 쓰기 지도 방법

쓰기 목표	주요 학습 요소	쓰기 활동
재미있는 내용을 선정하여 글을 쓴다.	• 재미있는 내용이 무엇인지 알기 • 내용 선정의 방법 알기 • 지식을 바탕으로 재미있는 내용을 선정하여 글쓰기	일기, 편지, 간단한 독후감, 준비물, 오늘 할 일, 내일 할 일

2 초등학교 2학년 때에는 글의 종류가 다양함을 알려 주라

초등학교 2학년 때에는 쓰기에 여러 가지 목적이 있음을 알려야 한다. 이 시기의 아이들에게는 글의 목적에 따라 글의 종류(일기, 감상문, 편지 등)가 다양하다는 것을 알려 주어야 한다. 또한 이에 따라 글을 쓰는 방식이 다르다는 것도 알려 주어야 한다. 이후 쓰기 훈련에서 글의 목적을 아는 것과 독자의 흥미를 끌 수 있는 내용을 선정하여 글을 쓰는 연습을 시키는 것이 중요하다. 이와 함께 글자의 크기와 모양을 조절해 가며 쓸 수 있도록 지도해서 제목이나 중요한 것의 글자는 크기와 모양을 다르게 표현하는 연습을 시킨다면 효과가 좋다.

쓰기에 대해서 독자의 흥미를 끌기 위해서는 어떻게 해야 하는지 알려 주는 것도 필요하다. 따라서 말이나 글을 자신의 입장에서 쓰기보다는 상대방이 어떻게 하면 좋아할지를 이야기하면서 글을 쓰게 하면 효과적이다.

〈표 8-2〉 초등학교 2학년 쓰기 지도 방법

쓰기 목표	주요 학습 요소	쓰기 활동
쓰기에는 여러 가지 목적이 있음을 안다.	• 목적에 따른 글의 종류 알기 • 글의 종류에 따른 글쓰기 방식 알기 – 정보 전달을 위한 글쓰기 – 설득하는 글쓰기 – 정서 표현의 글쓰기 – 친교의 글쓰기	• 개념 설명하기 • 하루 중에 제일 즐거웠던 일 쓰기 • 엄마에게 편지 쓰기

글은 쓰는 목적에 따라 정보 전달을 위한 글, 설득하는 글, 정서 표현의 글, 친교의 글 등 네 가지로 나눌 수 있다. 정보 전달을 위한 글에는 단어나 언어의 개념 정의, 신문이나 잡지의 해설이나 기사, 물건의 사용법이나 조작법에 대한 설명서, 행사 안내문과 같은 설명문, 보고서, 기사문, 전기문, 안내문 등이 있다. 설득하는 글에는 표어, 발표문, 웅변 원고, 반성문 등이 있다. 정서 표현의 글에는 시, 수필, 감상문, 독후감 등이 있다. 친교의 글에는 편지, 소개장, 메모, 쪽지 등이 있다.

〈표 8-3〉 목적에 따른 글의 종류

종 류	정 의
정보 전달을 위한 글	독자에게 사물이나 현상에 대한 정보를 알려 주거나 가르쳐 주기 위한 글
	단어나 언어의 개념 정의, 신문이나 잡지의 해설이나 기사, 물건의 사용법이나 조작법에 대한 설명서, 행사 안내문과 같은 설명문, 보고서, 기사문, 전기문, 안내문
설득하는 글	사실이나 정보를 독자에게 확신시키거나 설득하기 위한 글
	표어, 발표문, 웅변 원고, 반성문
정서 표현의 글	언어 및 언어 형태의 독특한 사용과 관련하여 독자에게 심미적 정서를 불러일으키거나 즐거움을 느끼게 하기 위한 글
	시, 수필, 감상문, 독후감
친교의 글	글쓴이의 내적인 표현 의지를 나타내는 글
	편지, 소개장, 메모, 쪽지

3 초등학교 3학년 때에는 생각을 적도록 하라

초등학교 3학년 때에는 내용을 창의적으로 생성하여 글을 쓰도록 하되, 원인과 결과가 보이게 하고 공통점이나 차이점이 드러나도록 글쓰기를 지도해야 한다.

내용을 창의적으로 생성하여 글을 쓰도록 하기 위해서는 창의적인 내용 생성이 무엇인지 알려 주어야 하며, 그 방법을 가르쳐 주고, 지식을 활성화할 수 있도록 지도해야 한다.

원인과 결과가 드러나게 글을 쓰도록 하기 위해서는 원인과 결과의 개념을 알려 주고, 원인과 결과를 이용한 내용 조직 방법을 알려 주어야 하며, 원인과 결과가 드러나게 하는 언어 표현법을 알려 주어야 한다.

공통점이나 차이점이 드러나게 글을 쓰도록 하기 위해서는 비교와 대조의 개념, 비교와 대조의 같은 점과 다른 점, 비교와 대조를 이용한 내용 조직 방법을 알려 주어야 한다.

쓰기 영역에서는 글을 쓸 때 지식이나 경험을 활용하도록 지도해야 하며, 문장 부호를 알려 주어야 하고, 창의적으로 글을 쓰면서 원인과 결과가 드러나도록 지도해야 한다.

〈표 8-4〉 초등학교 3학년 쓰기 지도 방법

쓰기 목표	주요 학습 요소
내용을 창의적으로 생성하여 글을 쓴다.	· 창의적인 내용 생성이 무엇인지 알기 · 창의적인 내용 생성 방법 알기 · 지식을 활성화하기
원인과 결과가 드러나게 글을 쓴다.	원인과 결과의 개념 알기, 원인과 결과를 이용한 내용 조직 방법 알기, 원인과 결과가 드러나게 하는 언어 표현법 알기 등의 관련 지식을 바탕으로 원인과 결과가 드러나게 글쓰기
공통점이나 차이점이 드러나게 글을 쓴다.	비교와 대조의 개념 알기, 비교와 대조의 같은 점과 다른 점 알기, 비교와 대조를 이용한 내용 조직 방법 알기 등의 관련 지식을 바탕으로 비교와 대조가 드러나게 글쓰기

4 초등학교 4학년 때에는 쓰기 과정을 지도하라

초등학교 4학년 쓰기 영역에서는 글을 쓰는 과정에 대한 지도와 함께, 글의 주제에 알맞은 내용을 선정하고 그에 따른 제목도 적절하게 붙이는 방법과 문단이 짜임새 있도록 쓰기를 지도해야 한다.

〈표 8-5〉 초등학교 4학년 쓰기 지도 방법

쓰기 목표	주요 학습 요소
쓰기에는 과정이 있음을 안다.	내용 생성(선정)하기, 내용 조직하기, 표현하기, 고쳐 쓰기 과정 익히기 등의 글쓰기의 과정이 중요함을 인식하도록 함
시간이나 공간 순서에 따라 내용을 전개하여 글을 쓴다.	시간이나 공간 순서의 개념 알기, 시간이나 공간 순서를 이용한 내용을 조직하는 방법 알기, 시간 순서와 공간 순서의 관계 알기, 시간과 공간 순서를 잘 드러내는 언어 표현법 알기 등의 관련 지식을 바탕으로 시간이나 공간 순서에 따라 내용을 전개하여 글을 쓰게 함
사건이나 행동의 변화가 드러나게 글을 쓴다.	누가, 언제, 어디서, 무엇을 했는가를 염두에 두어 내용을 선정하고 조직하여 표현하게 함
문단이 짜임새 있게 글을 쓴다.	문단의 개념 알기, 문단의 구성 원리 알기, 중심 문장과 뒷받침 문장이 무엇인지 알기, 중심 문장과 뒷받침 문장과의 관계 알기 등의 관련 지식을 바탕으로 문단이 짜임새 있게 글을 쓰게 함

5 초등학교 5학년 때에는 문법을 지도하라

5학년 쓰기 영역에서는 쓰기 상황에는 주제, 목적, 예상 독자 등이 관련되어 있음을 지도하고, 조사나 관찰을 통하여 내용을 선정해 글을 쓰거나, 분류의 방법으로 내용을 전개하여 글을 쓰거나, 예시의 방법으로 내용을 전개하여 글을 쓰거나, 비유의 방법으로 내용을 전개하여 글을 쓸 수 있도록 지도해야 한다.

〈표 8-6〉 초등학교 5학년 쓰기 지도 방법

쓰기 목표	주요 학습 요소
조사나 관찰을 통하여 내용을 선정해 글을 쓴다.	조사와 관찰의 개념 알기, 조사와 관찰 방법 알기, 내용을 선정할 때 조사나 관찰이 필요함을 알기 등의 관련 지식을 바탕으로 조사나 관찰을 통하여 필요한 내용을 선정해 논설문과 설명문을 쓰게 함

분류의 방법으로 내용을 전개하여 글을 쓴다.	분류의 개념 알기, 분류를 이용한 내용 조직 방법 알기, 분류의 유용성 알기 등의 관련 지식을 바탕으로 분류가 잘 드러나도록 글을 쓰게 함
예시의 방법으로 내용을 전개하여 글을 쓴다.	예시의 개념 알기, 예시를 이용한 내용 조직 방법 알기, 예시의 유용성 알기 등의 관련 지식을 바탕으로 예시가 잘 드러나도록 글을 쓰게 함
비유의 방법으로 내용을 전개하여 글을 쓴다.	비유의 개념 알기, 비유의 종류 알기, 비유의 방법 알기, 비유의 필요성 알기 등의 관련 지식을 바탕으로 비유의 방법으로 글을 쓰게 함

6 초등학교 6학년 때에는 문제해결 능력을 키우도록 지도하라

쓰기 영역 4에는 주장을 뒷받침하기에 알맞은 근거를 제시하며 글을 쓰는 것이 나온다. 따라서 초등학교 6학년 쓰기 영역에서는 주장을 뒷받침하기에 알맞은 근거를 제시하며 글을 쓸 수 있도록 지도해야 한다.

〈표 8-7〉 초등학교 6학년 쓰기 지도 방법

쓰기 목표	주요 학습 요소
면담을 통하여 내용을 선정해 글을 쓴다.	면담의 개념 알기, 면담의 방법 알기, 내용을 선정할 때 면담이 필요함을 알기 등의 관련 지식을 바탕으로 면담을 통해 내용을 선정하여 글을 쓰게 함
주장을 뒷받침하기에 알맞은 근거를 제시하며 글을 쓴다.	주장과 근거의 개념 알기, 주장과 근거의 관계 알기, 근거의 종류 알기, 주장과 근거의 관계를 활용한 내용 조직 방법 알기 등의 관련 지식을 바탕으로 설득력 있게 주장하는 글을 쓰게 함
문제와 해결 짜임으로 내용을 전개하여 글을 쓴다.	문제와 해결의 개념 알기, 문제와 해결의 상호 관련성 알기 등의 관련 지식을 바탕으로 문제와 해결의 짜임이 잘 드러나도록 글을 쓰게 함

활동지 1

재미있는 내용 선정하기

재미있었던 내용을 적는 방법은 우선 아이와 대화를 통해서 가장 재미있었던 일을 찾고 그것을 글로 쓰도록 하는 것이다. 아이들이 재미있는 일이 없다고 할 때 재미있는 일을 찾는 대화 방법은 다음과 같다.

긍정적인 아이의 경우

"지금까지 가장 재미있었던 일을 찾아 글로 써 보자."

"○○는 여행 좋아하니?"

"그럼 가장 최근에 다녀온 곳이 어디인지 기억나니?"

"느낌이 어땠니? 혹시 그 전에 더 재미있게 다녀온 곳이 있었니?"

★다녀온 곳: ____________________

★재미있었던 경험: ____________________

____

____

____

부정적인 아이의 경우

"지금까지 가장 재미있었던 일을 찾아 글로 써 보자."

"재미있는 것이 없어요."

"그래?"

"네. 매일 아침에 일어나서, 밥 먹고, 학원 가고, 어머니 잔소리 듣고, 공부하고, 그런 걸요."

"그럼 하루 종일 먹은 것에 대해서 글로 써 볼까?"

"싫어요. 너무 재미없어요."

"그럼 하루 일과에 대해서 써 볼까?"

"지옥 같아요."

"응, 그래! 지옥에 대해 상상해서 써 보자."

"그것도 재미없어요."

"그래. 그럼 어디에 놀러갔을 때 제일 즐거웠니?"

"없어요."

"그럼 어떤 장난감이 제일 좋았니?"

"없었는데요."

"그럼 어떤 때가 제일 좋았니?"

"놀 때요."

"그래. 그럼 무엇을 하고 놀았는지, 그렇게 놀았을 때 어떻게 좋았는지 써 볼까?"

"그게 좋겠어요."

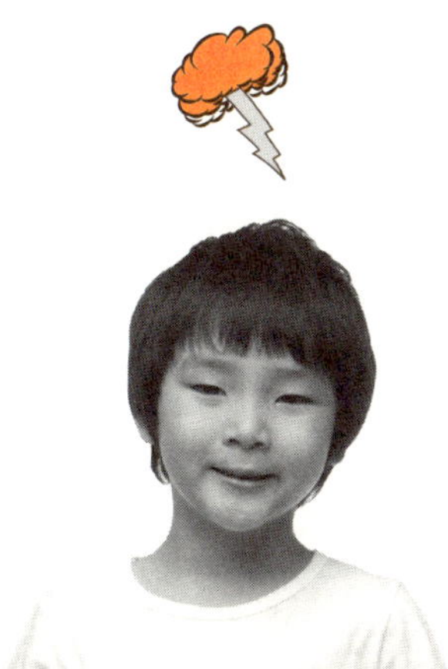

활동지 2

받아쓰기 능력 테스트

받아쓰기 자료를 단계별로 불러 주고 아이가 받아 쓰는 정도에 따라 아이의 낱말이나 문장 구사력을 파악할 수 있다. 아이가 낱말이나 문장을 구사하지 못하면 먼저 받아쓰기를 충분히 하는 것이 좋다.

1학년 받아쓰기

1급		2급		3급		4급	
1	나	1	타조	1	코끼리	1	배가 아파 배나무
2	너	2	토끼	2	제비	2	바람 솔솔
3	우리	3	오리 한 마리	3	타조	3	휴지
4	아버지	4	우리 가족	4	개나리	4	칠판
5	어머니	5	우리 어머니	5	매미	5	고양이
6	아기	6	정다운 친구	6	끝나는 말은	6	바위
7	하마	7	고마운 선생님	7	해님이 안 떠요.	7	노래
8	나비	8	즐거운 학교	8	지렁이가 나와요.	8	필통
9	사자	9	모두 모여	9	장화를 신어요.	9	책상
10	여우	10	우리는 하나	10	비 오는 날이에요.	10	소풍

5급		6급		7급		8급	
1	내 꿈	1	오늘 아침	1	함께 만나자.	1	뿔을 들이밀었어요.
2	자동차	2	너무 아팠습니다.	2	고마워!	2	풀잎이다.
3	염소	3	얼굴을 찡그리자	3	참 예쁘다.	3	메뚜기를 잡으러 가요.
4	보름달	4	물으셨습니다.	4	보고 싶어.	4	사이좋게 가요.
5	별나라에 누가 사는지	5	왜 그러니?	5	우리 집에 놀러 올래?	5	나란히 앉았어요.
6	궁금합니다.	6	울음을 터뜨리고	6	함께 다녔어요.	6	어깨에 앉았어요.
7	우주선을 타고	7	친한 친구가 되었어.	7	잡아먹고 싶었어요.	7	메뚜기가 날아갈까 봐
8	창문	8	눈빛이 별처럼	8	엿보고 있었지요.	8	생각한 모양이에요.
9	고기 잡아	9	얼마나 컸는지	9	덤벼들려고 하였어요.	9	손가락을 입에 대고
10	국 끓여서	10	궁금하지?	10	힘을 합칠까?	10	움직이지 마!

	9급		10급		11급		12급
1	송알송알 싸리잎에	1	괜찮아	1	숙제를 하려고	1	꼭 갖고 싶어요.
2	대롱대롱 풀잎마다	2	개미는 작아.	2	읽기 책을 찾았다.	2	계속 졸랐습니다.
3	방긋 웃는 꽃잎마다	3	나는 힘이 세.	3	거실에도 없었다.	3	많이 닳았어요.
4	재잘대며	4	가시가 많아.	4	어젯밤에 책을 읽다가	4	심부름도 더 잘 할게요.
5	앙감질로 깡충깡충	5	뾰족뾰족	5	제자리에 두지 않아	5	사 주시면 좋겠다고
6	깔깔대며 배틀배틀	6	무섭지 않아.	6	시간이 많이 걸렸다.	6	생각하였습니다.
7	쓰러집니다.	7	타조는 못 날아.	7	앞으로는 물건을 쓰고	7	음식 먹는 습관이
8	아기의 대답	8	나는 세상에서	8	귀엽고 깜찍한	8	서로 다릅니다.
9	코부터 발름발름	9	크게 웃을 수 있어.	9	어머니께 말씀드렸습니다.	9	골고루 먹습니다.
10	눈부터 생글생글	10	뒤뚱뒤뚱	10	지우개 있잖아?	10	몸이 튼튼해집니다.

	13급		14급		15급		16급
1	자기가 좋아하는 음식만	1	소금이 쏟아져 나왔고,	1	무덤 앞에 쓰러지듯 엎드려	1	머리를 긁적이는
2	건강에 나쁩니다.	2	말을 잊어버렸습니다.	2	맷돌을 훔쳐갔습니다.	2	꾀를 내었어요.
3	소중한 보물이	3	어린 너를 어찌 보낸단 말이냐?	3	도둑은 배를 타고	3	옷소매로 코를 닦았어요.
4	빨간 색종이가	4	옛날 옛적에	4	우르르 쾅 천둥 방귀	4	활을 쏘면 안 돼.
5	가져다 썼습니다.	5	코를 잘 흘리는 코흘리개	5	배 안에 쌓여 갔습니다.	5	떡시루를 힘껏 굴렸습니다.
6	민주가 활짝 웃으며	6	떡을 먹고 싶은 마음에	6	가라앉고 말았습니다.	6	김이 모락모락 올라왔습니다.
7	색종이를 모아 두니	7	머리가 너무 가려웠어요.	7	약값으로 빌린 돈이	7	맛있는 냄새가 솔솔 나자
8	참 좋습니다.	8	손을 휘휘 내저어	8	빚을 갚기 위하여	8	혼자 먹고 싶은 생각이
9	함부로 버리지 않았으면	9	따뜻한 엄마 품속	9	엎드려 절을 하였어요.	9	쫓아가 먼저 잡는 쪽이
10	필요할 때에	10	꽃잎에 맺힌 이슬	10	구슬 같은 눈물을 흘렸어요.	10	배꼽을 쥐고 웃었습니다.

1 주제 선정하기 163
2 배경지식 활성화하기 166
3 아이디어 생성하기 168
4 표현하기 170
5 고쳐쓰기 175
6 발표하기 177
7 논리적으로 글쓰기 지도 요령 180
활동지 189

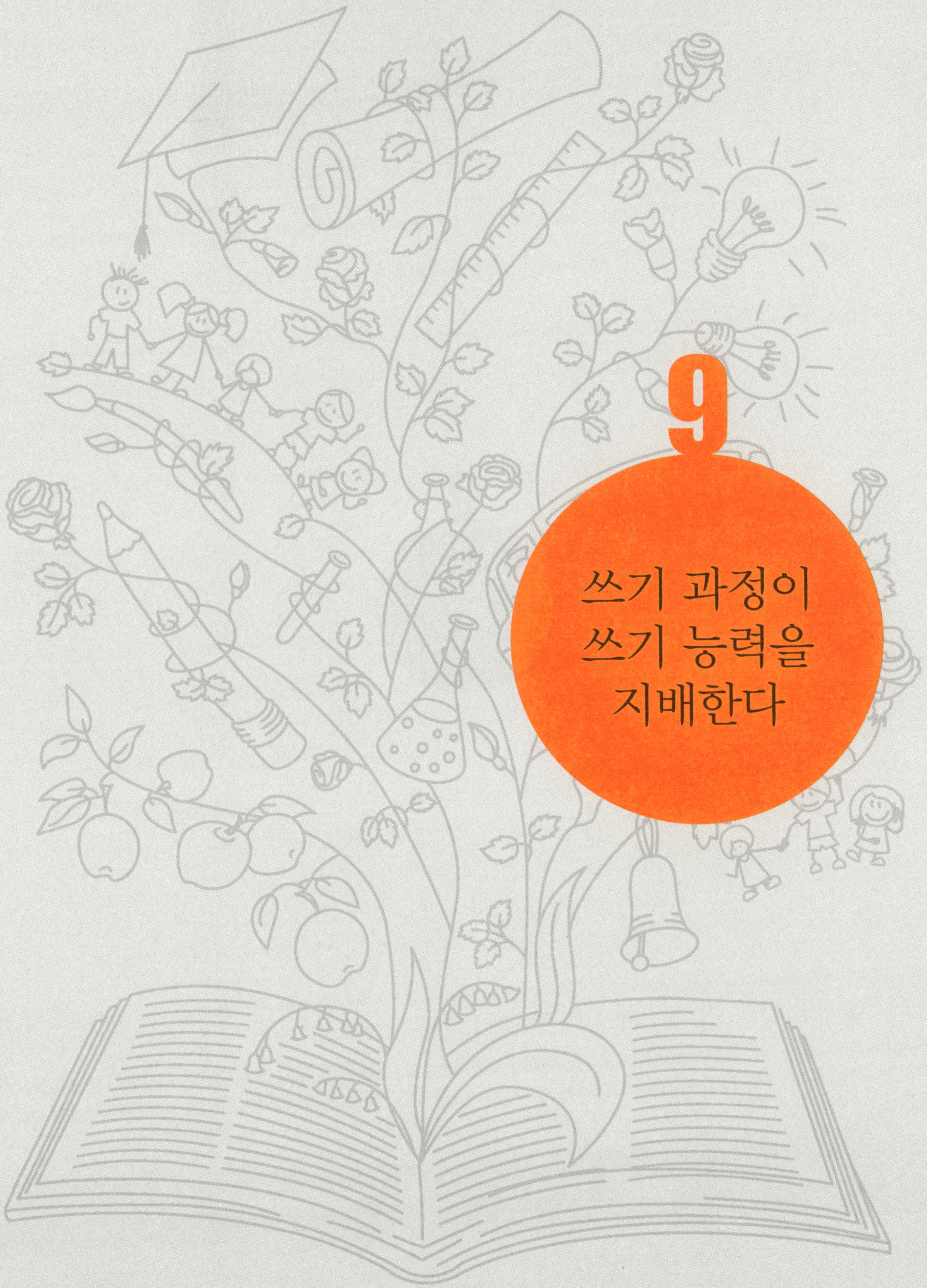

9

쓰기 과정이 쓰기 능력을 지배한다

9

쓰기 과정이 쓰기 능력을 지배한다

한 편의 글을 잘 쓰기 위해서는 어떤 과정을 거치면서 글을 써 나가는 것인지를 알아야 한다. 쓰기 과정을 정확히 알면 어떤 글이든지 쉽게 써 나갈 수 있지만 쓰기 과정을 모르면 글을 어떻게 써야 할지 고민하는 것으로 시간을 버리기가 쉽다. 결국 쓰기 과정을 잘 알면 쓰기 능력이 향상되어 어떤 글이든지 알아서 순서대로 쓰게 된다.

쓰기 과정은 여러 가지가 있지만 초등학생에게는 주제 선정하기, 배경지식 활성화하기, 아이디어 생성하기, 표현하기, 고쳐쓰기, 발표하기의 과정으로 진행하는 것이 적절하다. 쓰기를 지도할 때는 쓰기 과정 중심의 글쓰기 훈련을 지속적으로 적용하는 것이 효과적이다.

쓰기 과정

주제 선정하기 → 배경지식 활성화하기 → 아이디어 생성하기 → 표현하기 → 고쳐쓰기 → 발표하기

1 주제 선정하기

글을 잘 쓰기 위한 첫 번째 과정은 주제 선정을 잘하는 것이다. 주제 선정은 글의 목적을 말한다. 주제 선정을 잘해야 글의 방향을 정할 수 있으며 좋은 내용이 나올 수 있다. 우리가 여행을 갈 때 목적지를 정해야 버스를 타야 하는지 기차를 타야 하는지가 결정되는 것과 같다. 여기서 목적지는 주제가 되고 교통수단은 소재가 된다. 따라서 주제가 정해져야만 제목, 소재, 제재가 나올 수 있다.

제목

제목은 글 전체의 내용을 포괄하는 것으로, 글이 어떤 내용을 담고 있는지를 예상하게 한다. 따라서 제목은 글을 통해 전하고자 하는 중심 생각으로 무엇을 말하고자 하는지, 어떤 내용을 말하고자 하는지 분명해야 한다.

제목 선정 시 고려할 사항

- 가능한 한 범위를 좁혀 구체적으로 정한다.
- 자신이 잘 알고 있는 사실을 주제로 정한다.
- 자신이 의도한 내용을 충분히 전달할 수 있어야 한다.
- 보편적이어야 하고, 많은 사람에게 인정받을 수 있어야 한다.
- 글의 목적에 맞으면서 참신한 제목이 좋다.

제목의 여러 유형

- 주제를 나타냄
- 화제를 나타냄
- 중심 인물을 나타냄
- 본문 중의 중요 사실을 나타냄
- 상징적인 것
- 이유나 원인을 나타냄
- 감상을 나타냄
- 때와 장소를 나타냄

소 재

소재는 글의 바탕이 되는 재료로 주제를 다양한 내용으로 풀어내기 위해 활용하는 글감을 뜻한다. 주제가 가야 하는 목적지라면 소재는 목적지로 가기 위해 이용하는 교통수단이라고 할 수 있다. 소재는 주제를 효과적이고도 풍부하게 드러내기 위한 자료로, 주제와 관련이 있는 한 소재는 풍부할수록 좋다.

예) 풍부한 소재
다양한 소재
독창적인 소재
구체적인 소재
출처가 분명한 소재
객관적인 소재
주제를 뒷받침할 수 있는 소재
내용이 명확하고 사실과 일치하는 소재
독자의 관심과 흥미를 끌 수 있는 소재

제 재

제재란 글에 쓰인 여러 가지 소재 중에서 가장 중심이 되는 이야깃거리를 말한다. 즉, 주제와 밀접한 관련이 있거나 주제를 드러내는 가장 중요한 자료로 흔히 글감이라고도 한다.

예) 경험한 이야기
알고 있는 이야기
배울 만한 이야기
모방한 이야기
새로운 이야기
비판적인 이야기
교훈이 되는 이야기
필요한 이야기
나만 알고 있는 이야기

2 배경지식 활성화하기

배경지식이란 이미 알고 있는 지식으로 직접 경험한 것은 물론 책을 통해서 얻은 간접 경험과 지식도 포함한다. 글을 쓸 때는 배경지식이 있어야만 풍부한 소재와 제재를 이끌어 낼 수 있다. 배경지식을 활용하는 전략으로는 연상하기, 예측하기, 질문하기 등을 들 수 있다.

연상하기

연상하기는 글을 쓰기 위해 자신이 이미 알고 있는 것을 기억해 내고, 그것을 토대로 아이가 가장 흥미 있는 것을 고른 후 써야 할 제목이나 소재, 제재, 글의 내용으로 사용한다.

예) 내가 아는 것 중에 가장 행복했던 경험
내가 아는 것 중에 가장 재미있었던 경험
내가 아는 것 중에 가장 기억에 남는 경험
내가 아는 것 중에 가장 슬펐던 경험
내가 아는 것 중에 가장 아팠던 경험
내가 아는 것 중에 가장 놀랐던 경험
내가 아는 것 중에 가장 감동적이었던 경험

예측하기

예측하기는 하나의 주제를 가지고 미래에 일어날 일이나 전개 방향에 대해서 생각해 보는 것이다. 예측하기는 쓰기에 대한 능동적인 자세와 동기를 유발시키는 데 도움이 된다. 또한 생각해 낸 정보를 어떤 형식에 따라 과학적으로 정리하거나 체계화하는 스키마를 활성화하는 데 매우 효과적인 과정이다. 글을 쓰기 전에 결정한 제목이나 소재를 놓고 몇 부분으로 나누어 예측을 진행하면서 수정하고 보완하는 과정을 거친다. 그리고 읽는 과정에서도 끊임없이 예상하기가 진행된다. 예상한 근거를 생각하며 읽고, 읽은 후에는 처음에 예상한 것과 실제 이야기에서 일어난 것을 서로 비교해 본다.

예) 이렇게 된다면 어떻게 될까?
반대로 생각해 보면 어떤 결과가 생길까?
만약에 좀 다르게 생각하면 어떻게 될까?
지난번의 것과 관련시켜 해결책을 찾으면 어떨까?
새로운 인물을 만들어 사건을 만들면 어떻게 될까?
다른 방법은 없을까?

질문하기

질문하기는 학생들의 발산적 사고를 자극할 수 있는 창의적 질문을 말한다. 글을 쓰기 전에 미리 아이에게 적절한 질문을 함으로써 관련 배경지식을 활성화하도록 해 주는 것이다. 글을 쓰기 전의 질문은 글의 주제나 소재와 관련된 것으로 하는 것이 좋다. 창의적 질문이 되기 위해서는 더 나은 이해와 더 나은 아이디어를 찾기 위한 목적으로 이루어져야 하며, 다양한 형태의 구체적인 질문이어야 한다. 창의적 질문의 예는 다음과 같다.

예) 왜 그렇게 생각했어?
좀 더 자세히 생각해 볼래?
어떻게 그런 생각을 하게 되었어?
다른 방법은 없을까?
비슷한 것이나 다른 것은?
잘못 생각하고 있는 것은 없어?
빠진 것은 없어?

3 아이디어 생성하기

아이디어는 스스로 생각을 키우는 정신 활동이다. 아이디어를 통해 아이는 스스로 문제를 제기하고 답을 찾으며 사물에 대해 나름의 정의를 내리기도 한다. 아이디어가 풍부하고 창의적인 아이는 두려움보다는 적극성과 자신감을 갖고 있다. 이 같은 아이는 해야 할 일이 생겼을 때, 여러 가지 방법으로 하면 되겠지 하고 시도해 본다. 무엇보다 글쓰기에서 아이디어가 없다면 글쓰기 실력이 아무리 뛰어나다고 해도 생동감을 잃은 지루한 글이 될 것이다.

아이디어는 미래의 직업에 꼭 필요한 능력이다. 미래 사회는 아이디어를 가진 창의적인 사람만이 성공할 수 있다. 따라서 아이가 사물에 대해 관심을 갖고 즐겁게 상상할 수 있도록 지속적으로 호기심을 자극해 주어 글쓰기에 기본이 되는 영감을 얻을 수 있도록 해야 한다.

아이디어는 하루 이틀 노력한다고 해서 키워지는 것이 아니며, 오랜 시간 생활 속에서 길러진다. 브레인스토밍, 사전 활용, 신문 · 잡지 활용, 인터넷 활용, 마인드맵 활용 등으로 새로운 아이디어를 추출할 수 있다.

브레인스토밍

브레인스토밍은 자신의 의견을 마음대로 발표하여 의견과 자료를 모으는 것을 말한다. 브레인스토밍은 글쓰기에서 글감을 찾을 때 흔히 이용하는 방법으로, 글의 주제나 글감을 찾지 못했을 때 유용하다.

브레인스토밍이 효과적으로 이루어지려면 나의 주장이 받아들여질까 하는 두려움 없이 생각나는 대로 의견을 마구 쏟아 내야 한다. 말도 안 되는 엉뚱한 주장부터 비논리적이고 비효율적인 의견, 설사 관련 없는 단어일지라도 발표해 보는 것이 중요하다. 쏟아

낼 수 있는 모든 의견과 자료를 최대한으로 모아 본다.

브레인스토밍을 통해 글감(정보)이 모이면, 글감 하나하나를 검토하여 주제와 너무 동떨어져 있는 내용들은 지우고 비슷한 성격의 글감끼리 분류하여 정리한다. 분류하는 방법은, 가장 먼저 나온 글감에 항목을 붙인 다음 글감을 보고 그 글감이 처음 나온 글감과 성격이 다르면 또 다른 항목을 붙이는 것이다. 이렇게 마지막 글감까지 항목을 붙이다 보면 처음에는 연결 고리가 없던 단어들과 생각들이 모여 정리되고 글쓰기 방향을 제시해 준다.

사전 활용

사전 활용은 원하는 정보를 얻기 위한 가장 보편화된 수단으로, 대표적으로 국어사전과 백과사전이 있다. 특히 국어사전은 우리글을 익힐 때 가장 기본이 되는 자료다. 그러나 최근에는 넘쳐 나는 학습 자료와 인터넷의 발달로 사전 찾기가 소홀해지고 있는데, 한글의 정확한 뜻을 가장 체계적으로 익힐 수 있게 하는 데 매우 중요한 수단이다.

신문 · 잡지 활용

정보를 수집하기 위해서는 신문이나 잡지를 스크랩해 두는 것이 좋다. 주제나 날짜별로 정리해 두면 나중에 글쓰기 작업을 할 때 귀중한 자료가 된다.

인터넷 활용

인터넷은 현장을 직접 찾아가거나 도서관을 직접 찾아다니는 수고를 덜고 원하는 자료를 검색해서 수집할 수 있게 해 준다. 그러나 인터넷에서 구한 무한한 자료에 대해서는 그 자료가 정확한 것인지 부정확한 것인지를 선별하는 판단 능력을 가져야 한다.

마인드맵 활용

마인드맵은 마음속에 지도를 그리듯이 줄거리를 이해하며 정리하는 방법으로, 1971년 영국의 토니 부잔이 만들었으며 세계적인 석학들의 과학적인 검증 과정을 거쳐 두뇌 활용을 극대화하는 사고 및 학습 방법으로 자리를 잡았다.

마인드맵은 이미지와 핵심어, 그리고 색과 부호를 사용하여 좌우 뇌의 기능을 유기적으로 연결함으로써 두뇌 기능을 최대한 발휘할 수 있는 사고력 중심의 두뇌 계발을 할 수 있도록 만들어 준다. 주제를 정하고 키워드를 적은 다음, 식물이 줄기에서 가지로 뻗어 나가듯이 사고의 가지를 만들고 마디마다 연상되는 단어를 연결하여 머릿속의 생각을 정리하는 방법이다. 단어들을 연결함으로써 좋은 글감을 찾을 수도 있고, 말하고자 하는 주제를 찾을 수도 있으며, 어떠한 방식(비교나 대조, 예화, 개념 분석, 비판이나 논박)으로 글을 써야 할지 결정할 수 있다.

4 표현하기

좋은 아이디어를 가지고 있더라도 그것을 제대로 표현하지 못한다면 무용지물이다. 과거 전통 사회는 절제와 겸손을 미덕으로 여겨 개인적인 감정을 표현하는 것을 숨겨 왔다. 하지만 현대 사회에서는 개인적 욕구가 상품이 되면서 누가 감정을 얼마나 더 잘 표현하는가에 따라 성공의 여부가 결정되고 있다. 이제는 개인적 욕구를 가장 잘 해소해 줄 수 있는 상품이 히트를 치고 그러한 광고가 대박을 터트린다.

생각과 정보를 수집하여 글감을 찾고 주제를 정하는 훈련으로 모은 풍부한 이야깃거리는 전투에서의 총과 화살처럼 적을 향해 마음껏 공격할 수 있는 무기가 된다. 하지만 전투에서 승리하기 위해서는 뛰어난 무기만 가지고는 부족하다. 아무리 좋은 무기를 가지고 있다 하더라도 전술이 뛰어나지 못하면 패배자로 남을 뿐이다. 열악한 조건 속에서 전쟁을 승리로 이끌게 하는 힘이 바로 전술이다. 글쓰기에서도 전쟁과 마찬가지로 뛰어난 전술이 있어야 한다.

글을 쓸 때 그저 풍부한 이야깃거리를 두서없이 쏟아 낸다고 생각해 보자. 공연히 에너지만 낭비하고 원하는 성과는 얻지 못할 것이다. 적재적소에 병력을 배치하고 무기를 사용할 수 있도록 하는 전술, 즉 글쓰기에서 전술은 글을 어떤 방식으로 구성할 것인지의 문제다. 모은 정보를 어떤 방법으로 배치하고 어떤 순서로 나열할 것인가에 따라 글은 하나의 유기체로서 생명을 가질 수도 있으며, 그저 의미 없는 단어의 나열이 될 수도 있다.

글은 각각의 이야기들이 논리적인 흐름에 따라 전개되어 마치 톱니바퀴가 굴러가듯 서로 맞물려 있어야 한다. 글이 하나의 주제로 통일성 있게, 물이 흐르듯 자연스럽게 이어져야 독자도 글의 의미를 되새기며 편안하게 읽을 수 있다.

표현하기를 잘하려면 다음 사항을 고려해야 한다.

글의 짜임을 결정한다

글의 짜임을 결정한다는 것은 글을 어떤 방식으로 전개할 것인지 방향을 설정하는 것으로서, 목적지로 가는 방법을 말한다. 글을 어떤 형태로 써 내려갈 것인지를 고민하는 글의 구성 방법이라고도 할 수 있다.

글의 짜임에는 글의 성질에 따라서 효과적으로 전달되는 방법이 있지만 무조건 지켜야 하는 틀이 있는 것은 아니다. 예를 들어, 생활문, 논설문, 설명문은 처음, 중간, 끝으로 구성하는 게 좋고, 전기문은 시간의 흐름에 따라, 동화는 발단, 전개, 절정, 결말로, 일기는 누가, 언제, 어디서, 무엇을, 어떻게 하였는지 순으로 작성하면 좋다. 글의 목적에 따라 글의 짜임을 결정하는 방법은 다음과 같다.

〈표 9-1〉 목적에 따른 글의 짜임

종 류	정 의
생활문	우리가 생활하면서 보고, 듣고, 느끼고, 생각한 것을 글감으로 하여 쓴 글
	처음, 중간, 끝의 짜임으로 대화 글이나 실제 예를 들면 좋다.
논설문	어떤 사실이나 문제에 대해 근거를 제시하며 자신의 생각이나 의견을 주장한 글
	서론, 본론, 결론의 짜임으로 자신의 생각이나 의견을 주장하고 근거를 든다.
설명문	어떤 대상이나 사실에 대해 알기 쉽게 풀어 쓴 글
	처음, 중간, 끝의 짜임으로 중심 문장과 이를 뒷받침하는 보조 문장으로 나누어 쓴다.
전기문	실존한 인물에 대해, 그의 세상에 태어나서 죽을 때까지의 일을 이야기식으로 쓴 글
	시간의 흐름에 따라 쓴다.
독서 감상문	책을 읽고 난 후 느낌이나 생각을 적은 글
	일정한 형식은 없으므로 자신의 감상을 잘 나타낼 수 있는 방법으로 자유롭게 쓴다.
동화	어린이를 위하여 재미있게 꾸며 낸 이야기
	발단, 전개, 절정, 결말의 짜임으로 사건이 전개되고 해결되는 '기승전결' 구도가 좋다.
시	마음속에 일어나는 느낌을 노래하듯이 나타낸 글
	행과 연으로 나누어 자신만의 독특한 생각과 느낌을 리듬감 있게 표현하면 된다.
일기	하루 동안 일어났던 일을 쓴 글
	하루 중 가장 인상 깊었던 일을 '육하원칙'에 따라 쓰면 좋다.
편지	떨어져 있는 사람에게 소식을 전하는 글
	받을 사람 → 첫인사 → 할 말 → 끝인사 → 쓴 날짜 → 쓴 사람 순으로 쓰면 좋다.

소주제를 배열한다

글을 쓸 때는 여러 단락으로 쓰게 된다. 따라서 단락마다 소주제를 하나씩 정해야 하고, 그에 따라 단락의 소주제를 하나씩 나열하는 것이 좋다. 어떤 대상을 분류하여 설명하거나 시간의 흐름에 따라 이야기를 이어갈 때 주로 사용하는 방식으로, 소주제를 어떤 순서로 배열하는가에 따라 글의 깊이와 흥미가 달라진다. 일반적으로 글은 쉬운 소주제에서 조금 복잡한 소주제로 넘어가는 것이 좋다.

예) 하루의 일과를 적는다면,

오전에는 등교 준비를 하였다. ______________________

점심에는 고등어 반찬을 먹고 친구들과 ______________________

저녁에는 학원에 가서 수학 공부를 하고 ______________________

비판한 후 주장하게 한다

글을 쓰면서 주장을 할 때는 사실이나 문제점에 대해서 비판을 한 후 주장을 하는 방식을 취하는 것이 좋다. 비판 후에 주장을 하면 독자가 스스로 '아! 이런 원리구나.' 또는 '아! 이래서 고쳐야겠구나.' 라는 생각을 하게 만들어 설득력을 좀 더 높일 수 있다. 여기서 비판을 할 때는 근거가 되는 타당한 자료를 제시해야 설득력이 높은 글이 된다.

예) 요즘 학생들은 친구관계를 잘 못하는 편이다. 그것은 핵가족 사회라 아이를 하나둘 밖에 낳지 않기 때문이다.

용어나 개념을 설명해 준다

글을 쓸 때는 새로운 용어나 개념을 사용하게 된다. 새로운 용어나 개념을 처음 사용하면 독자가 혼란스러워 할 수 있으므로 새롭게 사용하는 용어나 개념은 정확하게 설명해 주는 것이 좋다.

예) 희망은 우리가 그토록 원하는 것이 이루어지기를 바라는 것을 말한다.
그래서 우리는 희망을 가지고 있으면 행복해진다.

비교나 대조를 한다

구별이 어려운 두 사물이나 비슷한 것을 설명할 때 주로 활용하는 방법으로 서로 비교하거나 대조하는 설명을 해 준다.

예) 개와 늑대는 비슷하게 생겼지만 개는 집에서 키우는 것이며, 늑대는 야생에서 자란다. 그리고 개는 사람 말을 잘 듣지만, 늑대는 전혀 듣지 않는다.

비유를 한다

우리는 종종 어떤 것을 또 다른 어떤 것에 빗대어 말한다. 단풍잎을 아기 손바닥에 빗대어 말하기도 하고 내 마음을 호수에 빗대어 말하기도 한다. 또한 '햇살같이 웃다' '바람처럼 빠르다' '공기처럼 가볍다'와 같이 직접적으로 특정 단어를 꾸며 주기도 한다. 빗대어 말하기는 어떤 대상을 곧바로 말하지 않고 에둘러서 말하기 때문에 '비유'라고도 한다.

비유는 방법에 따라 여러 가지 표현법(수사법)으로 구분된다. 대상을 다른 사물에 직접 빗대어 표현하는 직유법, 비유의 형식을 취하지 않으면서 비유의 뜻을 나타내는 은유법, 어떤 사물을 대신하여 표현하는 대유법, 생명이 없는 것을 생명이 있는 것처럼 나타내는 활유법 등이 있다.

〈표 9-2〉 비유의 종류

구 분	정 의
직유법	비슷한 사물이나 인상을 직접 빗대어 나타낸다.
	예) ~처럼, ~듯이, ~마냥, ~같이
은유법	비유의 형식을 취하지 않으면서 비유의 뜻을 나타낸다. 'A는 B다'의 형식으로 주로 시에서 많이 활용된다.
	예) '내 마음은 호수요' '나는 어린 사슴'
대유법	어떤 사물을 다른 사물로 대신해서 나타낸다.
	예) 우리 민족을 '흰옷'을 입는 민족이라 하여 '백의민족'으로, 간호사를 '백의(白衣)의 천사'로, 태어나서 죽을 때까지를 '요람에서 무덤까지'로 표현한다.
*활유법	생명이 없는 것을 생명이 있는 것처럼 나타낸다.
	예) '울부짖는 성난 바다' '나를 에워싸는 산'
*의인법	사람이 아닌 것을 마치 사람이 행동하는 것처럼 표현한다.
	예) 미소 짓는 채송화, 풀 아래 웃음 짓는 샘물, 봄의 율동

***활유법과 의인법의 구분**: 활유법을 의인법에 포함시키기도 하지만, 활유법은 무생물을 생물인 것처럼 표현하는 것이고 의인법은 사람이 아닌 대상을 사람에 빗대어 비유한 것이다.

5 고쳐쓰기(평가하기)

고쳐쓰기는 지금까지 쓴 글을 완벽하게 만드는 과정을 말한다.

글을 고치는 방법

정해진 쓰기 규칙을 반드시 지킨다

글을 쓸 때 지정해 준 글자 모양, 글자 크기, 줄 간격 등이 있다면 꼭 규칙을 지켜야 한다. 아무리 글이 논리정연하게 작성되어 있어도 글이 정해진 규칙을 지키지 않는다면 성의 없어 보일 수 있다. 따라서 글자 모양, 글자 크기, 줄 간격 등을 최대한 지켜서 작성해야 한다.

맞춤법, 문법 등은 정확하게 지킨다

글을 작성할 때는 맞춤법과 문법을 지켜야 한다. 맞춤법과 문법을 지키지 않으면 내용이 좋아도 높은 점수를 얻기가 어렵다. 또한 글을 작성할 때는 메신저나 문자에서 사용하는 이모티콘을 쓰지 않는다.

객관적이고 정확하게 작성한다

보고서를 작성할 때는 '~이다' '~한다' 등의 문투를 사용하여 객관적이고 정확한 느낌을 주어야 한다. '~인 것 같다' '~일지도 모른다' 등의 모호하거나 자신감 없는 문투는 사용하지 말아야 한다.

글을 인용할 때는 출처를 밝힌다

짧은 문장을 그대로 인용할 때는 글 속에서 따옴표 안에 포함시키고, 긴 문장을 인용할 때는 본문과 분리하여 별도의 문단으로 제시하는 것이 좋다. 글을 인용할 때는 반드시 어디서 구했는지 그 출처를 명확히 밝혀야 한다.

고쳐 쓸 때 고려할 사항

글 전체 수준: 제목의 적절성, 주제의 일관성, 글의 구성 등

문단 수준: 중심 생각, 문단의 길이 등

문장 수준: 문장의 뜻이 분명한지의 여부, 어법, 문장의 길이 등

단어 수준: 적절한 단어 사용, 띄어쓰기, 맞춤법 등

논리성: 단락이 논리적으로 연결되어 있는가?

통일성: 모든 단락은 한 가지 주제로 말하고 있는가?

정확성: 문제와 문장, 문장 부호, 문법, 철자법 등은 올바른가?

객관성: 사실과 증거 등 객관적인 자료를 통해 자신의 주장을 뒷받침하고 있는가?

구체성: 자료 및 내용 등이 구체적으로 제시되었는가?

적합성: 교사가 제시한 작성 방법, 분량 등이 적합한가?

명료성: 정확하고 구체적이며 명료한 용어를 사용하고 있는가?

6 발표하기

글을 완벽하게 썼다면 발표를 해야 한다. 발표도 성적에 반영되기 때문에 글을 잘 쓰는 것 못지않게 중요하다. 따라서 좋은 성적을 받기 위해서는 발표를 잘할 수 있어야 한다. 그러나 우리나라 사람들은 다른 사람 앞에 서는 문화가 생활화되어 있지 않기 때문에 발표 경험이 없는 사람들은 발표를 앞두고 대개 심한 스트레스를 느낀다. 실제로 통계 자료를 보면, 우리나라 직장인 열 명 가운데 아홉은 업무와 관련한 각종 발표 때문에 심한 스트레스와 심적 부담을 느낀다고 한다.

누구든지 발표를 처음 할 때는 여러 사람 앞에 선다는 생각만으로도 긴장을 하게 되고, 실제로 다른 사람 앞에서 사시나무 떨듯이 떠는 경우가 많다. 그러다 보니 몸이 떨려 목소리까지 떨리고 결국 혀가 뒤엉켜서 말까지 더듬게 된다. 그러면 아무리 많은 것을 안다 해도 제대로 전달하기는커녕 말 한 마디 제대로 하지 못하고 자리로 들어오는 경우가 있다. 발표를 앞두고 긴장하는 아이들에게는 다음의 방법으로 지도하여 효과적으로 발표할 수 있도록 해 준다.

자신감 있게 발표하는 방법

긍정적인 암시로 자신감을 갖는다

발표를 하기 전에 '나는 잘할 수 있다.' '나는 자신 있게 발표할 수 있다.'와 같이 긍정적인 암시로 자신감을 갖도록 한다. 그리고 발표장에 들어가기 전에 크게 심호흡을 한 번 하고 배에 힘을 주면 떨리는 현상은 상당히 줄어든다.

발표 순서를 적어 둔다

발표 주제와 순서를 칠판 한 구석이나 메모지에 적어 두고 언제든 볼 수 있도록 하면 발표 순서가 차례대로 진행될 수 있으므로 오로지 발표에만 신경을 쓸 수 있게 된다. 또한 당황해서 발표 내용을 잊어버려도 발표 순서를 보면 다시 기억할 수 있으므로 최악의 상황에서 의지가 된다. 발표 순서를 적어 두는 것만으로 순조로운 발표를 진행하기가 어려우면 교재를 펴 놓고 잠시 보면서 발표하는 것도 자신감을 갖게 하는 요인이 될 수 있다. 비록 매끄러운 발표는 아니지만 발표를 다시 차분히 시작할 수 있게 해 준다.

타인은 진지하게 듣지 않고 있다는 사실을 명심한다

발표에 대한 두려움을 갖거나 떨리는 이유는 다른 사람보다 잘해야 한다는 부담감이나 사람들이 자신의 발표에 대하여 처음부터 진지하게 듣고 있다는 생각에서 시작된다. 그러나 아이들은 의외로 다른 아이의 발표 내용에 대하여 그다지 진지하게 듣지 않는 경우가 많다. 따라서 발표를 완벽하게 해야 한다는 부담감에서 벗어나 최선을 다한다는 생각을 가지면 여유가 생긴다.

잘하려는 욕심을 버린다

우리가 발표를 할 때 대충 해야겠다는 생각만 한다면 대화체로 이야기해 나가듯 자신감 있게 발표를 전개해 나갈 것이다. 그러나 발표에 대한 공포가 생기는 것은 훌륭한 발표가 되길 바라는 자신의 욕구가 강하기 때문이기도 하다. 따라서 자신이 공포증이나 떨고 있다는 생각이 들 때에는 너무 잘 하려는 의지를 버리고 조금 성의 없게 보일지라도 자연스럽게 일대일 대화를 한다는 생각으로 대화하듯 발표를 하면 무사히 마칠 수 있다.

실전처럼 연습한다

완벽한 준비 후에는 연습을 실전처럼 해 보아야 한다. 특히 '발표 공포증'을 많이 느낄수록 마치 아이들 앞에서 발표하듯 소리 내어 연습해 보아야 한다. 가장 좋은 방법은 여러 사람 앞에서 미리 연습하는 것이지만 그렇게 하기 어려우므로 거울을 앞에 놓고 보면서 실제로 발표하는 것처럼 하면서 잘못되거나 어색한 부분을 수정해 나간다. 전체를 연습하는 것이 바람직하지만, 적어도 첫 10분 정도에 해당하는 발표를 연극 대본을 외우듯이 연습하는 것이 좋다. 발표의 시작이 바라던 만큼 매끈하게 진행되면 어느덧 '발표 공포증'은 슬며시 사라진다.

발표를 철저하게 준비한다

입으로만 발표를 하려면 모든 것을 외워서 내 것으로 만들어야 할 수 있다. 발표를 잘 하려면 발표 내용을 완벽하게 숙지하는 것도 중요하지만 발표 기술도 좋아야 한다. 발표를 처음하는 사람들은 두 마리의 토끼를 잡기 어렵다. 그러나 미리 발표 준비를 해 두면 발표 내용을 전부 외우지 않아도 되므로 부담에서 벗어날 수 있다. 또한 발표의 흐름을 구체적으로 제시할 수 있으므로 발표 중 말이 막히는 경우나 잊어버려서 당황하는 경우가 없어진다.

발표 도중 말문이 막히는 경우의 응급조치

발표 도중 말문이 막히는 경우가 종종 있다. 그러면 잠시 동안 아무것도 기억할 수 없고 당황한 채 결국 발표를 망칠 수 있다. 그러나 이럴 때일수록 발표자는 침착해야 한다. 준비를 잘 하였는데도 말문이 막힐 때는 다음과 같은 방법으로 위기를 모면한다.

- 발표 내용을 생각하는 동안 지금까지의 발표 내용을 다시 한 번 요약해 준다.
- 창문을 열게 한다든가, 기지개를 켤 수 있는 시간을 준다.
- 메모할 수 있도록 1~2분가량 시간을 준다.
- 발표와 관련된 내용에 대하여 질문한다.
- 아무 내색도 하지 않고 다음 항목으로 넘어간다.
- 가장 쉽게 할 수 있는 자신의 체험을 자연스럽게 이야기하면서 주제를 다시 떠올린다.
- 완전히 생각이 나지 않아서 오래 당황하였다면 솔직하게 사과하는 것이 오히려 발표자의 정직성을 살린다.

7 논리적으로 글쓰기 지도 요령

다르게 생각해 보고 써 보도록 한다

아이들의 상상력을 높이기 위하여 가상의 상황을 만들어서 질문하고 답변하게 한다. 아이들이 그 상황에 놓여 있을 때 자신이 어떻게 할지를 상상해서 답변하도록 하고 그것을 글로 써 보도록 지도한다. 정답은 없으므로 숙제처럼 부담이 되지 않도록 하고 아이들이 풀기 쉽게 질문을 해야 한다. 답변 중 상상력이 풍부한 내용이 많으면 상상력이 높은 아이라고 판단할 수 있다.

빗대어 생각한 것을 써 보도록 한다

사물을 하나 제시해 주고 다른 사물에 빗대어 표현하게 하는 질문을 하면 사물의 고정된 틀을 깨고 새로운 각도로 사물을 볼 수 있게 된다. 가능한 자유로운 시각으로 쉽게 접근할 수 있게 친근한 사물에 빗대어 자신의 생각을 글로 써 보도록 지도한다.

자신이 누구인지 써 보도록 한다

'나는 누구인가' 라는 질문을 자기 자신에게 하고 그 결과를 글로 쓰도록 하면 객관적으로 자신을 볼 수 있게 되어 아이의 자아 형성에 도움을 준다. 이러한 질문은 일 년에 한두 번 시기를 정해 놓고 정기적으로 실시한 다음 자신만의 장점을 강조한 프로필을 만들게 하면 본인의 성장 정도를 스스로 측정해 볼 수 있어 아이의 상상력을 구체적으로 키우는 데 도움이 된다.

자신 만의 프로필을 써 보도록 한다

아이들의 상상력을 높이기 위하여 자신의 장점을 강조해서 글로 표현하게 하면 아이들은 자신감을 가지게 된다. 프로필을 만들 때는 자신에 대해 좋은 정보를 최대한 많이 얻을 수 있도록 지도하고, 자신의 멋진 모습을 찍은 사진을 함께 넣으면 자신에 대해 더 구체적인 개념을 형성하게 되어 학습에 효과적이다.

요술 항아리를 이용해 글을 써 보도록 한다

아이들의 상상력을 높이기 위한 활동으로, 요술 항아리가 생겼다고 가정하고 그곳에 자신이 가장 원하는 것을 마음껏 넣는 것이다. 아이들은 이 활동을 통해서 자신이 무엇을 좋아하는지 구체적으로 알 수 있으며, 가상이지만 욕구를 분출할 수 있는 기회를 얻게 되어 정신건강에 좋은 영향을 준다. 활동할 때는 아이들이 원하는 것을 잘 표현할 수 있도록 지도해 주고, 필요하다면 잡지나 다른 자료를 붙일 수 있게 해 준다.

'나라면 어떻게 할까' 글을 써 보도록 한다

이야기를 들려주고 이야기 속의 주인공이 왜 그렇게 했는지 스스로 묻고 답해 보며, 내가 이야기 속의 주인공이라면 어떻게 했을지 적어 보도록 한다. 아이들은 이 활동을 통해서 상대방의 입장에 대해 생각할 수 있는 역지사지의 정신을 배울 수 있으며, 간접적으로 다른 인물이 됨으로써 상상력을 키울 수 있다. 활동할 때는 아이가 어느 한쪽의 인물만 편애하지 않고 공정한 시각으로 볼 수 있도록 지도해 준다.

'가족나무'를 만들어 보도록 한다

나무의 뿌리가 되는 가족 구성원과 줄기가 되는 가족 구성원, 그리고 가지와 잎, 열매가 되는 가족 구성원을 이용해 나무를 만들어 보도록 한다. 현재 함께 있는 가족 구성원이 아니라 이미 세상을 떠난 조상을 넣는 방법도 있다. 아이들은 이 활동을 통해서 가족 구성원의 역할을 알게 되고 가족의 중요성을 다시 한 번 생각할 수 있다. 활동할 때는 아이가 나무의 한 부분으로 특정 가족을 정하는 경우 그 이유를 적을 수 있도록 지도해 준다.

새로운 단어를 활용하여 속담이나 관용 표현을 만들어 보도록 한다

아이들의 상상력을 높이기 위하여 새로운 관용 표현을 만들어 보도록 하는 활동이다. 아이들은 이 활동을 통해서 어떤 현상에 대해 누구나 공감할 수 있는 재치 있는 문장을 만들게 됨으로써 상상력을 키우고, 동시에 언어도 사회가 변함에 따라 함께 변한다는 것을 자연스럽게 알게 된다.

알/고/가/기

관용어와 속담

관용적인 표현이란, 넓은 의미로 관용구나 속담을 모두 포함하는 개념으로 좁은 의미로 관용구만을 가리킨다고 할 수 있다. 관용어란 둘 이상의 단어가 결합하여 의미가 특수화되고 고정되어 습관적으로 사용함으로써 문법에 맞지는 않으나 오랫동안 관용(慣用: 오랫동안 습관적으로 써서 굳어진 것으로, 굳어진 그대로 널리 쓰이는 것)이 된 말을 가리킨다. 예를 들어, 코 묻은 돈, 손이 발이 되도록, 천만 뜻밖에, 눈엣가시, 깨가 쏟아진다, 눈발이 서다, 발에 채다, 모개흥정, 바가지를 긁다, 손이 걸다, 오지랖이 넓다, 귀에 못이 박히다, 제삿날로 하다, 오금을 박다, 열 일 제치다, 입에 침이 마르다, 입에서 신물이 난다 등이 있다.

속담(俗談)은 우리의 일상생활에서 오랜 세월 굳어져 입에서 입으로 전승되어 온 토속적이면서 관용적인 표현으로, 민중의 삶의 모습과 지혜를 솔직하게 담고 있다. 속담은 간단한 비유를 사용하는 관용어와는 달리 '비 온 뒤에 땅이 굳어진다.' '어물전 망신은 꼴뚜기가 시킨다.' 처럼 구체적 사례의 비유를 통해 추상적 관념을 유발해 내는 특징을 갖는다.

속담은 그 기능에 따라 비판적 · 교훈적 · 경험적 · 유희적 속담으로 나눌 수 있다.

비판적 속담은 '천재와 바보는 종이 한 장 차이'와 같이 상대편의 아픈 데를 찔러 기선(機先)을 제압하는 경우에 주로 사용된다.

교훈적 속담은 '오늘 일을 내일로 미루지 마라.' '시간을 아끼면 인생을 얻는다.' 등으로 때때로 격언이나 금언(金言)과 비슷하여 구별이 모호해지기도 한다. 하지만 '침묵은 금이요, 웅변은 은이다.'에서처럼 격언은 언변보다 침묵이 귀한 것이라는 의미가 언술의 문면에 바로 드러나고 있어 '말이 많으면 격언실언(失言)이 많다.'라는 속담과는 약간의 차이가 있다. 즉, 격언이 추상적이고 보편적 관념을 직접 진술하는 데 반해, 속담은 구체적 사례를 담은 비유적 언술의 형태다.

경험적 속담은 오랜 경험 끝에 체득한 지식을 알기 쉬운 말로 정리한 것이 많은데, '비 온 뒤에 땅이 굳어진다.'가 그 예다. 이 밖에도 '백지장도 맞들면 낫다.' '오는 말이 고와야 가는 말이 곱다.' 등 수없이 많다.

속담은 처음 생성된 시기에는 기발하고 참신한 것이었겠지만, 시간이 지나면서 상투어로 낡고 진부한 것이 된다. 이러한 이유로 글을 쓸 때 속담을 남발하지 않도록 조심해야 한다. 하지만 적절히 인용된 속담은 정곡을 찌르는 야유의 힘으로 작품을 풍부하고 기름지게 만들 수 있다. 일반적인 격언의 경우와는 달리, 속담의 작자는 누구인지 알 수 없고 생성된 시기도 대부분 확실치 않다. 그것은 민중의 격언, 민간의 격언이다. 그래서 속담을 다른 말로 이언(俚言), 속언(俗諺), 이언(俚諺), 세언(世諺), 속어(俗語)라고 부르기도 한다.

속담이 다소 함축적인 비유성을 갖는다면 관용어는 속담과는 달리 직언적이고 직설적이라 할 수 있다. 그러나 넓은 뜻의 관용어란 말 속에는 속담도 포함되는 것이 일반적이다.

시나 이야기를 듣고 이어질 내용을 써 보도록 한다

아이들의 상상력을 높이기 위하여 이어질 이야기를 상상해 보도록 한다. 아이들은 이 활동을 통해서 제시된 이야기를 바탕으로 먼저 발생한 이야기와 이어질 이야기를 상상하게 됨으로써 상상력과 함께 글짓기 능력도 키울 수 있다.

그때로 돌아가 상상하고 써 보도록 한다

아이들의 표현력을 높이기 위하여 오늘 하루 중 가장 인상적이었던 사건을 기억해 보고, 만일 그때 그 상황이 다시 온다면 어떻게 할 것인지 생각해 보도록 한다. 아이들은 이 활동을 통해서 이미 일어난 사건을 시간적 순서에 따라 재구성함으로써 사건의 진행과정을 논리적으로 생각하고 표현할 수 있게 된다. 하루를 재구성할 때 있었던 일에 대해서는 사실을 있는 그대로 시간의 순서에 따라 쓰게 한다.

비유적으로 써 보도록 한다

비유란 어떤 사물(대상)을 설명할 때, 그 사물의 모양이나 상태를 보다 효과적으로 표현하기 위하여 그와 비슷한 다른 대상을 빌려와 견주어 표현하는 것을 말한다. 예를 들어, '내 마음은 호수요.'에서 내 마음을 직접적이면서 구체적으로 표현하기란 어렵다. 이때 '호수'라는 보조관념을 이용하여 원관념인 '내 마음'을 좀 더 구체적 · 감각적으로 표현하였다. 보조관념은 원관념을 구체화하는 관념이므로 보조관념의 이미지는 누구나 공감할 수 있는 친숙한 것이어야 한다. 만일 이해를 돕기 위한 보조관념이 원관념보다 난해하다면 오히려 원관념을 이해하는 데 장애가 될 것이다.

비유하기는 사람처럼 생각하기, 느낌이나 생각을 눈에 보이는 것과 비교하기, 눈에 보이지 않는 것을 마치 보이는 것처럼 나타내기 등의 방법이 있다.

따라서 비유는 유추에 많이 의존한다. '내 마음은 호수요.' 에서 내 마음의 상태를 파악하려면 먼저 보조관념인 호수를 알아야 한다. '호수' 의 상태에 따라 내 마음의 상태도 그렇게 되기 때문이다.

그리고 비유는 연상에 의해서도 파악된다. '내 마음은 호수요.' 를 파악하려면 먼저 호수를 파악해야 한다. '호수' 라는 말에서 떠올릴 수 있는 여러 감정이나 느낌, 감각 등이 연상작용에 따라 '맑다, 고요하다, 넓다' 등의 이미지로 연상되고 이러한 이미지는 내 마음을 대변하는 것이다.

알/고/가/기

비유와 상징, 어떻게 다른가?

상징은 비유와 비슷한 의미로 추상적인 사물을 구체화하는 것으로, 때로는 비유에 포함시키기도 한다. 하지만 비유가 원관념을 구체적으로 표현하기 위해 보조관념을 이용하는 것과 달리, 상징은 추상적 의미(원관념)는 드러내지 않고 기호적 성격의 보조관념만으로 표현하는 방법으로 원관념이 생략된 가운데 보조관념만을 제시하여 추상적 관념을 구체화한다.

상징에는 전통 상징(관습, 제도적, 객관 상징), 개인 상징, 기분 상징 등이 있다. 예를 들어, '내 마음은 십자가요.' 에서 십자가는 상징적인 표현이다. 십자가는 서양이나 동양이나 예수의 죽음으로 인한 희생이라는 역사적 상징을 갖고 있다.

상징은 오랜 세월 시간이 흐르면서 역사적으로 어떤 사건에 의해 단어에 특정 속성이 투영된 것이다. 예를 들면, 비둘기는 평화를 상징하고, 태양은 생명의 탄생을 상징하며, 물은 죽음을 상징한다.

단어를 듣고 그 느낌을 써 보도록 한다

단어를 듣고 느낌을 표현하다 보면 자연스럽게 단어에 대한 개념을 정리하여 글로 써 보게 된다. 두 단어로 결합되어 만들어진 합성어를 알려 주고 생각나는 대로 적어 보게 할 수도 있다. 단어들이 합쳐지면서 생기는 새로운 개념에 대해 이해할 수 있으며, 이러한 훈련을 통해 스스로 새로운 단어를 만들어 간다.

신문을 만들어 보도록 한다

가족 신문, 학급 신문 등 신문의 종류는 굉장히 많다. 그리고 신문은 보도자료, 구인광고, 상품광고, 사설, 논평 등 구성하는 내용 또한 굉장히 다양하다. 아이에게 편집장이 되어 기사를 싣고 신문을 구성해 보도록 하면 자신이 가진 상상력을 총동원해서 표현하려고 노력하게 된다.

비판하거나 논박하면서 써 보도록 한다

개념이나 사물, 혹은 주장이나 문제의 잘못된 점을 날카롭게 비판하거나 논박하여 글로 써 보도록 한다. 이러한 활동을 통해서 논리적이고 비판적인 사고와 함께 글쓰기 훈련이 이루어진다.

의견을 낸 후 근거를 제시해 보도록 한다

의견을 내고 근거를 제시하면서 정보를 수집하여 글로 써 보도록 한다. 여럿이 함께 할 수도 있지만 혼자 의견을 내고 근거를 찾아 쓰게 할 수도 있다. 의견을 내고 근거를 제시하다 보면 의외로 더 좋은 글감을 찾기도 하고, 말하고자 하는 것이 무엇인지, 문제를 해결하기 위해 무엇이 필요한지 등 여러 가지 좋은 방안을 스스로 찾게 된다.

만약 다른 사람과 함께 활동을 한다면, 다른 사람의 의견을 끝까지 귀담아 듣고 자신의 의견을 말하도록 하고 다른 사람의 의견은 꼭 존중해 주도록 한다. 자기 의견만 옳다고 고집하거나 다른 사람의 의견을 무시하지 않도록 하고, 다른 사람의 의견을 비판할 때는 무턱대고 틀리다거나 나쁘다고 말하지 말고 가능한 한 바람직한 해결 방법을 제시하도록 한다.

알/고/가/기

의견과 주장

의견은 어떤 사실이나 대상에 대한 자기 생각이나 느낌을 말한다. 의견을 말할 때는 항상 근거가 타당한지 먼저 생각해 보아야 한다.

주장은 의견과 비슷한 것으로 자신의 의견이나 주의를 굳게 내세우는 것, 또는 그런 의견이나 주의를 말한다.

활동지 1

제목 선정하기

이 활동지는 학생들의 쓰기 능력을 높이기 위한 것입니다. 학생들이 글을 읽고 제목을 지어 보도록 지도합니다.

다음 글을 읽고 글에 맞는 제목을 지어 보세요.

1. 우리 가족은 한여름에 해운대에 놀러갔다. 그런데 사람들이 너무 많아서 힘들었다. 그렇지만 해운대의 밤 경치는 무척 아름다웠다. 해운대의 경치는 그림으로 꼭 그려 보고 싶다.

답 해운대의 경치

2. 엄마와 동물원에 갔다. 사자도, 코끼리도, 얼룩말도, 하마도, 호랑이도 있었다. 동물원은 정말 재미있는 곳이다. 다음에 동생이 크면 동물원에 데리고 와서 즐겁게 해줘야겠다.

답 동물원

3. 1912년 4월 12일 어느 날 밤, 대양을 정기 운행하는 타이타닉호가 빙산과 충돌해서 침몰하였다. 그래서 수많은 사람들이 목숨을 잃었다.

답 타이타닉호의 침몰

4. 벤저민 프랭클린은 원하는 것은 무엇이든지 자신의 노력으로 이룰 수 있다고 생각한 사람이다. 한 가지 분야에서 성공하는 것도 힘든데 벤저민 프랭클린은 인쇄공, 주간지 발행인, 의용병 대장, 시의원, 작가, 정치가, 과학자로서 미국 역사 발전에 지대한 공헌을 하였다.

답 벤저민 프랭클린의 업적

5. 세계 어느 나라에서든 패스트푸드 체인점인 KFC에서는 기분 좋은 표정을 하고 서 있는 한 노년의 신사를 언제나 만날 수 있다. 그는 다름 아닌 KFC의 창업자 홀랜드 샌더스다. 그는 어린 시절 어렵고 힘든 삶을 살았지만 좌절하지 않고 사업을 시작하여 66세의 나이에 성공하였다.

답 KFC의 창업자 홀랜드 샌더스

6. 기쁨은 일반적으로 욕구가 충족되었을 때 느끼는 감정이다. 아동기가 되면 어떤 일에 성공하였을 때, 경쟁에서 이겼을 때 기쁨을 느낄 수 있다. 성공이나 승리가 고생을 통하여 얻은 것일수록 기쁨은 크다.

답 기쁨이란?

7. 신념은 굳게 믿는 마음을 말한다. 성공한 사람은 불행과 고통을 신념으로 정복하는 사람이다.

답 신념의 정의

활동지 2

단어로 문장 만들기

이 활동지는 어떤 단어에 대해 누구나 공감할 수 있는 문장을 만들어 봄으로써 상상력을 키우고, 쓰기 능력을 높이는 것이 목적입니다. 정답이 있는 것이 아니므로 자유롭게 활동할 수 있도록 도와주고 재치 있는 문장을 만든 학생은 칭찬해 줍니다.

단어를 보고 그것과 관련된 문장을 만들어 보세요.

★ **휴대전화**

휴대전화의 발달로 전 세계가 동시에 소통할 수 있게 되었다.

★ **인터넷**

문장 인터넷 속의 가상현실이 이제 삶의 일부로 자리 잡게 되었다. 다양한 사이트와 메신저의 발달은 거의 모든 인간 생활을 인터넷에서 영위할 수 있도록 하였으며, 이러한 가상현실은 동시에 여러 삶을 살 수 있게 해 주었다.

★ **텔레비전**

엄마는 텔레비전을 바보상자라고 한다. 하지만 바보상자 속은 굉장히 똑똑한 사람들로 넘쳐난다. 학자, 정치가 등 많은 전문가가 바보상자 속에 있다. 바보상자 속에 똑똑한 사람들이 있듯 비록 모두가 소용없다고 말할지라도 그 속에는 우리가 알지 못하는 더 대단한 것이 있을 수 있다.

★ **컴퓨터게임**

컴퓨터 게임 속 캐릭터는 내가 원하는 대로 움직인다. 마치 연극을 하듯 나 스스로 가상공간 속의 캐릭터가 되어 살아갈 수 있다.

★ **김치냉장고**

문장 옛날에는 김치를 맛있게 오래 먹기 위해 장독에 넣어 땅에 묻어 두었다. 하지만 지금은 집 안에 김치냉장고가 있어 독을 묻지 않아도 맛있는 김치를 겨우내 오랫동안 먹을 수 있다.

활동지 3 소재 정하기

이 활동지는 학생들의 쓰기 능력을 높이기 위한 것입니다. 학생들이 문장을 읽고 소재를 찾아 적어 보도록 지도합니다.

다음 문장을 읽고 소재를 찾아보세요.

1. 처음부터 우물 안에서 태어나 자란 개구리는 우물 속에 갇혀 있다 하더라도 아무것도 보이지 않아 그곳에서 빠져나오고자 노력하지 않는다.

답 개구리, 우물

2. 사람의 마음에는 두 마리의 늑대가 있다. 하나는 긍정적인 생각과 행동을 하게 하는 늑대이고, 하나는 부정적인 생각과 행동을 하게 하는 늑대다.

답 사람의 마음, 늑대

3. 요즘 젊은이들에게 꿈을 물어보면 꿈이 없거나 깊게 생각해 본 적이 없다는 이야기를 자주 한다.

답 젊은이, 꿈

4. 꿈이 없는 사람은 시력을 잃은 것보다 불쌍하고, 말을 못하는 것보다 불쌍하고, 듣지 못하는 것보다 불쌍하다.

답 꿈

5. 저는 지금 사막을 탐험하고 있습니다. 이 길을 걷는 사람들에게 지도를 만들어 주려고요.

답 사막, 탐험, 지도

6. 공부하지 않으면 어려운 생활을 하며 지독하게 가난하게 살 수밖에 없다는 생각에 대학 진학을 생각하게 되었다.

답 공부, 어려운 생활, 대학 진학

7. 비행기 조종사는 사람들을 태우고 목적지까지 안전하게 도착하는 것이 목표다.

답 조종사, 안전

활동지 4

제재 만들기

이 활동지는 학생들의 쓰기 능력을 높이기 위한 것입니다. 각각의 상황에 맞는 제재를 만들어 보도록 지도합니다.

다음 조건에 맞는 제재를 자유롭게 만들어 답해 보세요.

1. 내가 경험한 것 중에 제일 신나는 이야기

→

2. 내가 알고 있는 것 중에 제일 재미있는 것

→

3. 내가 배울 만한 이야기

→

4. 내가 남을 모방한 이야기

→

5. 내가 새로 알게 된 이야기

→

6. 내가 아는 비판적인 이야기

→

7. 내가 아는 교훈적인 이야기

→

8. 내게 필요한 이야기

→

9. 나만이 알고 있는 이야기

→

활동지 5 그때로 돌아가 보기

이 활동지는 하루 중 가장 인상적이었던 사건을 기억해 보고 만일 그 당시로 다시 돌아간다면 어떻게 할 것인지를 생각해 보도록 하는 것입니다. 이 활동지를 통해서 이미 일어난 사건을 시간 순서에 따라 재구성함으로써 사건의 진행 과정을 논리적으로 생각하고 표현할 수 있게 됩니다. 활동을 하면서 있었던 일을 이야기할 때 사실을 있는 그대로 시간 순서에 따라 이야기를 전개할 수 있도록 지도합니다.

그때로 돌아가 생각해 보세요.

1. 인상적이었던 일을 기억해서 이야기해 보자.

답 컴퓨터 오락을 하다가 동생 수빈이와 싸웠다. 고집쟁이 수빈이가 혼자서만 컴퓨터 게임을 하려고 고집을 피워서 내가 수빈이가 앉아 있던 의자를 밀어 버렸다. 수빈이는 귀가 찢어지도록 울었고 엄마는 무섭게 화를 내셨다. 결국 우리는 엄마에게 혼나고 컴퓨터 게임도 못하게 되었다.

★그때로 돌아간다면?

답 수빈이에게 맛있는 과자를 주며 컴퓨터 게임을 한 번씩 번갈아 하자고 말할 것이다.

2. 인상적이었던 일을 기억해서 이야기해 보자.

답 어린이 대공원에서 코끼리 가족을 보았다. 코와 엉덩이가 너무 커 무서워서 울어 버렸다.

★그때로 돌아간다면?

답 코끼리의 코와 엉덩이가 너무 커서 많이 무서웠지만 팔랑팔랑 움직이는 귀는 정말 귀여웠기 때문에 코끼리를 좋아했을 것이다. 코끼리에게 맛있는 과자도 주고 사진도 찍으면서 즐겁게 놀 것이다.

활동지 6

단어에서 연상되는 것 적기

이 활동지는 학생들의 표현력을 높이기 위하여 단어에서 연상되는 것을 적어 보도록 하는 것입니다. 이 활동지를 통해서 새로운 단어에 대한 두려움을 없애고 자유롭게 생각한 것을 표현할 수 있게 됩니다. 학생이 어떤 답을 하더라도 근거가 있다면 칭찬해 줍니다. 정답은 없으며, 부담을 갖지 않도록 학생들이 풀기 어려워하는 문제는 풀지 않아도 됨을 알려 줍니다.

단어를 보고 연상되는 내용을 적어 보세요.

재미있는 단어 놀이		
단 어	발 음	연상되는 것
첫눈	천눈	1. 천둥이 칠 때 내리는 눈을 가리키는 단어 같다. 2. 첫눈이 내리면 그리운 사람이 온다는 말 때문인지 왠지 누군가가 그리워 지는 것 같다.
국물	궁물	1. 국을 물로 만들어서 국물이라 하는 것 같다. 2. 궁에서 쓰는 물 같기도 하고 구정물 같기도 하다.
밭일	반닐	1. 우리말 '반짇고리'와 영어 '닐'을 결합해 만든 단어 같다. 2. 아빠가 하는 릴낚시의 한 종류 같다.
꽃밭	꼳빧	아주 배고플 때 나는 소리인 '꼬륵'과 '배고파'를 결합해 만든 단어 같다.
꽃길	꼳낄	1. 꽃게가 끼었다고 말하는 사투리 같다. 2. 암탉이 '꼬끼오' 하며 우는 소리 같다.
햇살	해쌀	1. 해를 좋아하는 새싹 같다. 2. 쌀의 한 종류로 해를 닮은 쌀 같다.

활동지 7

이어질 내용 상상하여 적기

이 활동지는 학생에게 이야기의 일부를 보여 준 후, 그 뒤에 이어질 많은 이야기를 상상하도록 하는 것입니다. 이 활동지를 통해서 상상력과 함께 글짓기 능력도 향상시킬 수 있습니다.

다음 글을 읽고 물음에 답해 보세요.

온 가족이 바다로 여행을 갔어요.

바다로 가는 길에 우리는 재미난 이야기도 하고 휴게소에 들러 맛있는 우동도 먹었어요. 그리고 4시간 만에 바다에 도착한 우리는 수영복으로 갈아입기 위해 트렁크를 열었어요. 그런데 이게 어떻게 된 일일까요? 출발하기 전에 챙겨 두었던 제 동생 지현이의 수영복이 없어졌어요. 지현이는 속상해서…….

1. 무슨 일이 일어났던 것일까?

답 우동을 먹기 위해 휴게소에 들렀을 때 동생 지현이가 수영복 가방을 가지고 내렸어요. 지현이는 수영복이 아주 마음에 들어 계속 들고 다니려고 했거든요. 그때 지현이가 수영복 가방을 휴게소에 놓고 온 것 같아요.

2. 이 이야기를 이어 보자.

답 울상이 되었어요. 지현이는 어제 잠들 때도 수영복을 꼭 끌어안고 잘 만큼 수영복을 좋아했거든요. 엄마, 아빠도 난처한지 아무 말씀도 못하고 계셨어요.

그래서 제가 나서기로 했어요. 저는 지현이에게 말했어요. 집에 돌아가서 엄마에게 더 멋진 수영복을 사달라고 하자고, 그리고 여기는 바닷가이기 때문에 수영복보다 원피스가 더 어울린다고 말이죠. 그러자 지현이는 얼굴이 환해졌어요. 저는 지현이를 위해 수영복을 입지 않기로 했어요. 예쁜 수영복을 못 입게 되어 많이 아쉬웠지만 지현이가 다시 밝아져 기분이 좋았답니다.

활동지 8

등장인물의 좋은 점과 나쁜 점 이야기하기

이 활동지는 학생들의 창의적 표현력을 높이기 위하여 이야기 속 인물에 대해 좋은 점과 나쁜 점을 이야기해 보도록 하는 것입니다. 이 활동지를 통해서 나쁘다고만 생각한 인물을 재평가함으로써 고정관념이나 편견을 극복하는 방법을 익히게 되며, 주장을 하거나 의견을 낼 때 타당한 근거를 제시할 수 있게 됩니다. 이야기를 할 때는 어느 한쪽만 편애하지 않도록 하고 좋은 점과 나쁜 점을 말할 때 반드시 근거를 제시하도록 합니다.

다음 글을 읽고 물음에 답해 보세요.

1. 〈개미와 베짱이〉를 읽고 다음 질문에 답해 보세요.

어느 숲 속에 개미와 베짱이가 살고 있었어요. 개미는 여름 동안 겨울을 대비해 열심히 일을 했고 베짱이는 노래만 흥얼거렸지요. 더운 여름이 지나고 추운 겨울이 왔어요. 여름 동안 식량을 비축해 두었던 개미는 풍족하게 겨울을 보낼 수 있었지만 여름 내내 놀기만 했던 베짱이에게는 먹을 것이 없었어요. 결국 베짱이는 배고픔을 참지 못하고 개미를 찾아가 구걸했고, 개미는 베짱이를 불쌍히 여겨 먹을 것을 나눠 주었답니다.

★ 개미가 땀 흘려 일하는 동안 베짱이는 왜 노래만 불렀을까?

답 베짱이에게 혹시 나름의 이유가 있지는 않았는지 알아보기 위해 베짱이와 개미에 대해 먼저 알아보기로 했다.

베짱이는 메뚜기목 여칫과 곤충으로 몸길이가 30~36mm이며, 수명은 6개월 정도로 봄 혹은 여름에 태어나서 서리가 내리는 늦가을쯤에 죽는다. 그리고 개미는 종류에 따라 크게 다르나 그 수명이 여왕개미는 5~10년, 수개미는 짧게는 6개월, 일개미와 병정개미는 1~3년쯤 산다고 한다.

결국 보통의 베짱이였다면 겨울을 넘기지 못하고 죽게 되므로 힘들여 겨울을 대비할 필요가없었던 것이다. 이야기 속의 베짱이가 조금은 이해된다. 하지만 이 이야기 속의 베짱이는 다른 베짱이와 달리 겨울을 나게 되었다. 안타깝게도 이야기 속의 베짱이는 본인이 다른 베짱이와 다르다는 것을 몰랐던 것이다. 만일 이야기 속의 베짱이가 자신이 다른 베짱이와 다르다는 것을 알고 겨울을 준비했다면 개미를 찾아가 구걸하는 일은 없었을 것이다.

그러나 자신이 남들과 다른 특별한 존재라는 것을 알기란 쉽지 않다.

이야기 속의 베짱이뿐만 아니라 많은 이들이 대체로 그러하다는 이유로 스스로 자신을 단정 짓고 더 이상 노력하지 않는 실수를 한다. 이 글을 읽고 섣불리 자신의 한계를 단정 짓고 게으름을 피우는 일이 없도록 해야겠다는 생각을 하였다.

2. 〈흥부와 놀부〉를 읽고 다음 질문에 답해 보세요.

옛날, 욕심 많은 형 놀부와 마음씨 착한 동생 흥부가 살았습니다. 흥부는 열두 명의 자녀를 두었으나 너무나 가난해 놀부의 집에 더부살이를 하였습니다. 원래 욕심이 많았던 놀부는 흥부네 가족이 매일 밥만 축내는 것을 참지 못하고 엄동설한에 흥부네 가족을 내쫓았습니다. 빈손으로 내쫓긴 흥부네 가족은 아주 어렵게 살았습니다. 어느 봄날, 흥부네 집에 제비 가족이 날아와 둥지를 틀었습니다. 그런데 어미 제비가 없는 틈을 타 구렁이가 새끼 제비를 잡아먹으려고 하였습니다. 그때 새끼 제비가 둥지에서 떨어져 다리를 다쳤습니다. 흥부는 구렁이를 쫓고 새끼 제비를 돌보아 주었습니다. 이듬해, 그 제비가 돌아와 은혜에 보답하고자 박씨 하나를 주었습니다. 그것을 심자 박이 주렁주렁 열렸습니다. 흥부가 박을 타자 금은보화가 쏟아져 나왔습니다. 흥부는 부자가 되었습니다.

이 소식을 들은 놀부는 몹시 샘이 났습니다. 그래서 제비 다리를 일부러 부러뜨리고 치료를 해 주었습니다. 이듬해, 놀부도 박씨 하나를 얻었습니다. 놀부도 주렁주렁 열린 박을 탔습니다. 한껏 기대를 하고 박을 탔으나, 그 속에서 나온 것은 금은보화가 아니라 온갖 오물이었습니다. 마지막으로 탄 박에서는 도깨비들이 나와 놀부네 집을 마구 부수고 놀부를 흠씬 때려 주었습니다.

이 소식을 들은 흥부는 놀부에게 자신의 재산을 나누어 주고 함께 살도록 하였습니다.

★ 정말 놀부는 나쁜 사람이었을까?

답 나는 놀부가 이해된다. 욕심쟁이라서 좀 얄밉긴 하지만 나라도 흥부네 식구처럼 많은 식구가 계속 신세진다면 싫어할 것 같다. 더욱이 놀부는 돈을 엄청 좋아하는 구두쇠다. 놀부처럼 돈을 좋아하는 사람이 공짜로 흥부네처럼 많은 식구를 먹여 살리는 것이 쉬운 일은 아니다. 결국 놀부가 끝까지 참지 못하고 엄동설한에 흥부를 내쫓은 건 잘못이지만 처음부터 놀부가 흥부를 내쫓았던 건 아니다.

답 나는 흥부가 이해된다. 대책 없이 너무 많은 자녀를 둔 것도, 놀부형에게 신세진 것도 못마땅 하지만 흥부도 분명 잘살아보려고 노력했을 것이다. 더욱이 흥부는 가난으로 많이 힘들었을텐데도 자기보다 약하고 불쌍한 것을 보면 도와주려고 했다.

활동지 9

브레인스토밍으로 글감 모으기

이 활동지는 학생들에게 브레인스토밍을 통해 글감을 모으는 방법을 알려 주기 위한 것입니다. 글의 실마리를 전혀 잡지 못하고 있을 때 머릿속에 떠다니는 모든 생각을 쏟아내어 정리하게 합니다. 브레인스토밍은 어떠한 생각이나 의견도 거부하지 않고 모두 받아들이는 것으로서, 학생이 주저 없이 글감을 이야기하도록 도와주어야 합니다. 브레인스토밍을 통해 글감이 모이면 항목별로 정리하여 필요한 자료를 분류하고, 모인 글감이 이야기로 발전할 수 있도록 지도합니다.

브레인스토밍을 한 후 비슷한 글감을 항목끼리 묶어 보세요.

'나의 꿈'이라는 소재로 글을 쓰려고 한다. 브레인스토밍을 통해 의견과 자료를 모아 비슷한 정보끼리 분류해 보자.

꿈이란 / 잠을 잘 때 꾸는 것 / 이루고 싶은 것 / 소망하는 것 / 지금 당장 하고 싶은 것 / 나는 1999년도에 태어났다 / 나의 성격 / 활달하다 / 잘 웃는다 / 잘 운다 / 꼼꼼하다 / 말을 잘한다 / 여러 가지 직업 / 의사, 선생님, 변호사, 검사, 목사, 간호사, 수위아저씨, 경찰, 소방관, 프로게이머, 시나리오 작가, 가수, 미용사, 영화감독, 배우 / 엄마가 원하는 것 / 내가 꿈꾸는 것 / 왜 엄마는 의사가 되라고 하는가 / 나를 위해서 / 돈을 많이 벌 수 있다 / 존경받을 수 있다 / 사람의 생명을 살릴 수 있다 / 나는 감독이 되고 싶다 / 나는 배우가 되고 싶다 / 꿈은 꼭 하나여야 하는가 / 감독이 되고 싶은 이유 / 많은 사람에게 감동을 줄 수 있다 / 여러 배우를 내 맘대로 할 수 있다 / 내가 생각한 방식으로 영화를 만들 수 있다 / 배우가 되고 싶은 이유는 무엇인가 / 인기를 얻을 수 있다 / 연기를 통해 다른 사람들의 삶을 경험할 수 있다 / 배우 송강호가 좋다 / 단번에 뜰 수 있다 / 스타가 되면 돈을 많이 번다 / 배우가 되려면 / 감정이 풍부해야 한다 / 감정이 풍부해지려면 어떻게 해야 하는가 / 책을 많이 읽는다 / 다른 사람의 입장에서 생각한다 / 자기 관리를 잘해야 한다 / 예쁘고 멋져야 한다 / 예쁘고 멋지지 않은 배우는 없는가 / 개성 있는 배우도 있다 / 꿈을 왜 가지는가 / 꿈이 있으면 행복하다 / 왜? / 내가 하고 싶은 것을 할 수 있다 / 꿈을 이루면 성공할 수 있다 / 성공이란 무엇인가 / 모두에게 인정받는 것이다 / 내가 만족하는 것이다 / 성공한 사람은 누구인가 / 빌 게이츠, 유재석, 안철수, 김연아,

빌 클린턴 / 그들은 왜 성공했다고 하는가 / 한 분야에서 최고다 / 목표가 있으면 미리 준비할 수 있다 / 꿈을 이루면 어떻게 될까

1. 꿈이란 무엇인가?

답 이루고 싶은 것으로 지금 간절히 하고 싶은 것을 말한다.

2. 나는 누구인가?

답 나는 1999년 2월 25일에 태어난 박선정이다. 나의 성격은 활달하고 잘 웃고 잘 울고말을 잘한다.

3. 이루고 싶은 꿈은 무엇인가?

답 엄마는 의사가 되길 바라지만 나는 감독 또는 배우가 되고 싶다.

4. 엄마와 나는 왜 다른 꿈을 가지고 있나?

답 엄마는 내게 의사가 되라고 한다. 의사는 많은 돈을 벌 수 있으며 사람들에게 존경을 받을 수 있다고 한다. 하지만 나는 나만의 영화를 만들고 싶다. 다른 사람들에게 감동을 줄 수 있는 따뜻한 영화를 만들고 싶다.

5. 꿈을 위해 어떻게 해야 하는가?

답 풍부한 감정을 갖기 위해 책을 많이 읽고 항상 다른 사람의 입장에서 생각한다.

활동지 10

신문 스크랩하기

이 활동지는 평소 관심 있는 분야에 대해 신문이나 잡지를 스크랩하여 정보를 미리 수집해 두는 방법을 알려 주기 위한 것입니다. 스크랩을 할 때 기사를 분석하여 내용을 정리해 두면 좋겠지만 그냥 스크랩해 두는 것만으로도 쓰기에 도움이 되므로 학생이 부담 없이 즐겁게 활동할 수 있도록 지도합니다.

다음 양식에 맞추어 신문을 스크랩해 보세요.

신문 발행일: 2012. 00. 00.
분야: 여행

주제: 철쭉 핀 섬진강 품고 봄을 달린다.

기사의 줄거리: 기차를 타고 가는 섬진강의 철쭉 여행에 대한 멋과 즐거움을 소개했다.

기사를 읽고 생각한 점:
사진을 보고 섬진강과 철쭉이 잘 어울린다고 생각했다.

더 알아보기: 섬진강은 길이 212.3km, 유역 면적 4,896.5km²로 전북 진안군과 장수군의 경계인 팔공산에서 발원하여 진안군 백운면과 마령면 등에 충적지를 만들고, 임실군 운암면에서 갈담저수지로 흘러든다.

활동지 11

마인드맵으로 글감 모으기

이 활동지는 마인드맵으로 글감을 모으는 방법을 알려 주기 위한 것입니다. 글의 주제가 있거나 이야기하고 싶은 대상이 있을 때, 주어진 대상에 대해 연상되는 것들을 확장해 가면서 글감을 모으는 방법으로 글감이 모이면 자연스럽게 하나의 이야기를 만들 수 있게 됩니다. 학생의 생각이 다양하게 전개되어 많은 글감을 모을 수 있도록 지도합니다.

'봄'을 주제로 연상되는 단어들을 이어 마인드맵을 그린 후 글감을 찾아보세요.

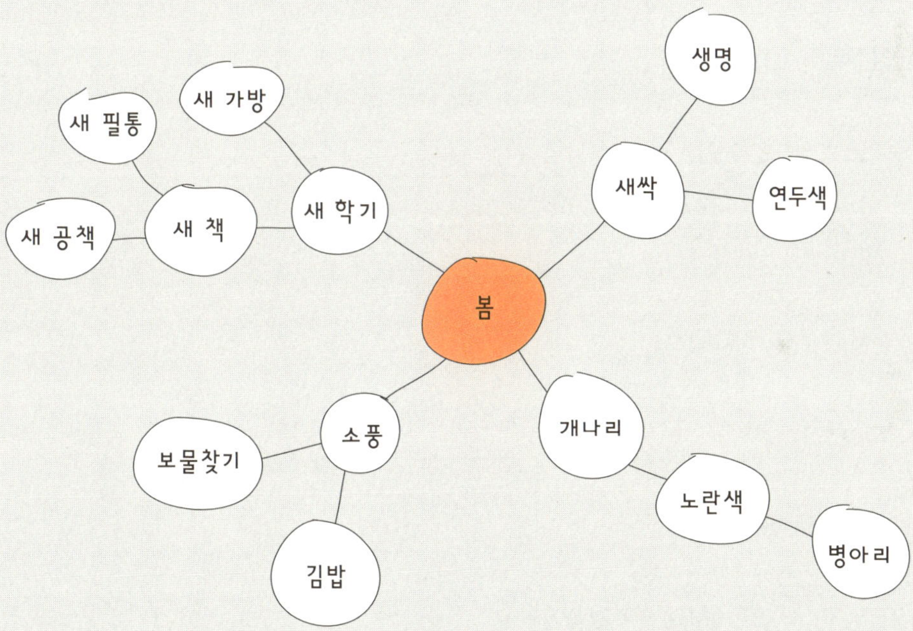

활동지 12 다르게 생각해 보기

이 활동지는 학생들에게 질문을 통해서 자신이 특정 상황에 놓여 있을 때 어떻게 할지를 상상해서 작성해 보도록 하는 것입니다. 정답은 없으며, 문제를 푸는 게 숙제처럼 되면 부담스러우므로 학생들이 풀기 어려운 문제는 꼭 풀지 않아도 됨을 알려 주어야 합니다. 답한 내용에 상상력이 풍부한 내용이 많으면 상상력이 높은 학생이라고 판단할 수 있습니다.

다르게 생각해 볼까?

1. 자동차가 하늘을 난다면? 자동차가 하늘을 난다면 바다도 건널 수 있을 텐데.

2. 일주일이 10일이라면? ____________________

3. 학교가 없어진다면? ____________________

4. 석유가 없어진다면? ____________________

5. 하늘에 집을 짓는다면? ____________________

6. 바다가 육지라면? ____________________

7. 행복이 성적순이라면? ____________________

8. 공부 안 하고도 성공할 수 있다면? ____________________

____

9. 엄마가 없다면? ____________________

10. 친구가 없다면? ____________________

활동지 13

빗대어 표현하기

이 활동지는 다른 사물에 빗대어 표현해 보도록 하는 것으로서, 정답은 없으며 문제를 푸는 게 숙제처럼 되면 부담스러우므로 학생들이 풀기 어려운 문제는 꼭 풀지 않아도 됨을 알려 주어야 합니다. 답한 내용에 상상력이 풍부한 내용이 많으면 상상력이 높은 학생이라고 판단할 수 있습니다.

자전거를 다른 사물에 빗대어 이야기해 보세요.

1. 사물에 빗대어 – 자전거는 (타조)이다.

   왜냐하면: 답 자전거는 타조처럼 날씬하기 때문이다.

2. 식물에 빗대어 – 자전거는 (　　　　　　　　　)이다.

   왜냐하면:

3. 생활용품에 빗대어 – 자전거는 (　　　　　　　　　)이다.

   왜냐하면:

4. 먹는 것에 빗대어 – 자전거는 (　　　　　　　　　)이다.

   왜냐하면:

5. 입는 것에 빗대어 – 자전거는 (　　　　　　　　　)이다.

   왜냐하면:

활동지 14 내가 되고 싶은 것은? 닮고 싶은 사람은?

이 활동지는 미래에 내가 닮고 싶은 사람에 관하여 글을 적도록 하는 것입니다. 나는 누구인가라는 질문을 자기 자신과 주위 사람들에게 해 보도록 하고 그 결과를 글로 쓰도록 지도합니다.

나는 ____________ 이/가 될거야.

1. 나는 남들보다 ____________________ 능력이 뛰어나다.
2. 나의 성격은 ____________________ 이다.
3. 나의 장래 꿈은 ____________________ 이다.
4. 꿈을 실현하기 위해서 나는 __________ 대학 __________ 과에 진학할 것이다.
5. 이 꿈을 이루기 위해서 지금까지 노력해 온 일은 ____________________ 이 있다.

나는 ____________ 을/를 닮을거야.

평소에 정말 멋져 보여서 닮고 싶었던 위인이나 어른, 혹은 친구가 있다면
그 사람에 대해서 생각해 봅시다.

1. 나는 ____________ 을(를) 닮고 싶다.
2. 내가 그 사람을 닮고 싶은 이유는 ____________________ 이다.
3. 내가 그 사람과 비슷한 점은 ____________________ 이다.
4. 내가 그 사람과 다른 점은 ____________________ 이다.
5. 내가 그 사람보다 더 멋진 점은 ____________________ 이다.
6. 나도 ____________ 처럼 멋진 사람이 될 수 있다!! (큰 소리로 세 번 읽기)

15 활동지

요술 항아리 만들기

이 활동지는 가상의 요술 항아리를 만들어 그 속에 무엇이 들어 있을지 생각해 보도록 함으로써 상상력을 키워 주는 것입니다. 학생이 원하는 것을 표현할 수 있도록 지도해 주고, 필요하다면 잡지나 다른 자료를 붙일 수 있게 해 줍니다. 정답은 없으며, 문제를 푸는 게 숙제처럼 되면 부담스러우므로 학생들이 자유롭게 생각하도록 지도합니다.

요술 항아리가 생겼어요!

뭐든 생각만 하면 가질 수 있는 요술 항아리가 생겼네요. 이 항아리 속에는 무엇이 들어 있을지 상상해 보고 그 이유를 적어 보세요.

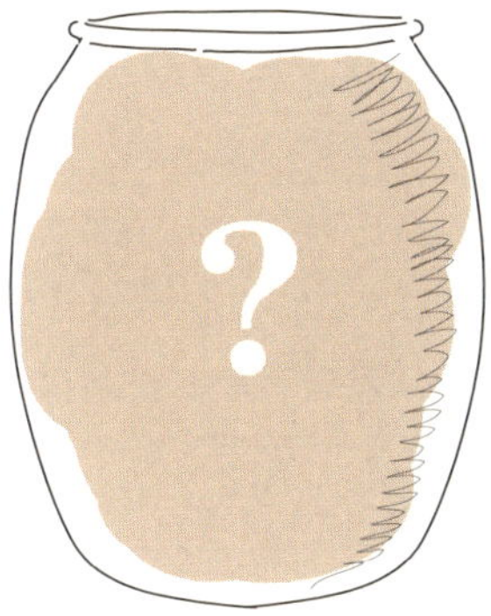

활동지 16

나라면 어떻게 할까?

이 활동지는 '청개구리' 이야기를 읽고 청개구리가 왜 그런 행동을 했는지 생각해 보고 내가 청개구리였다면 어떻게 했을지 적어 보도록 하는 것입니다. 정답은 없으며, 문제를 푸는 게 숙제처럼 되면 부담스러우므로 학생들이 풀기 어려운 문제는 꼭 풀지 않아도 됨을 알려 주어야 합니다.

옛날에 청개구리와 청개구리 어머니가 살았습니다.

청개구리는 어머니의 말을 늘 반대로 하는 개구리였죠.

어느 날 어머니가 병이 나서 돌아가셨습니다.

죽기 전에 어머니가 유언을 남기셨습니다.

"얘야, 내가 죽거든 개울가에 묻어라."

어머니는 이번에도 청개구리가 반대로 개울가가 아닌 다른 곳에 묻을 거라 생각하고 말하였습니다. 하지만 청개구리는 이번만큼은 어머니 말을 잘 들어야겠다고 생각하고 개울가에 묻었습니다.

어머니를 묻고 나서 어느 날 비가 내렸습니다.

청개구리는 비가 내려 개울가에 있는 어머니의 무덤이 쓸려 내려가지 않을까 걱정하였습니다.

그 후 청개구리는 비만 오면 어머니 무덤가에서 늘 운답니다.

스스로 문제 만들기 뭐든 반대로만 하는 청개구리는 왜 마지막에 어머니의 말을 들었을까?

답 지금까지 반대로만 한 것이 미안해서 어머니의 마지막 말은 따르고 싶었다.

나라면 어떻게 했을까? 어머니가 마지막에 유언을 남겼을 때 왜 그런 유언을 남겼는지 생각해 보고 개울가에 무덤을 만들어도 되는지 생각해 볼 것이다.

활동지 17

속담이나 관용적인 표현 만들기

이 활동지는 학생들의 상상력을 높이기 위하여 새로운 관용 표현을 만들어 보게 하는 것입니다. 학생들은 이 활동지를 통해서 어떤 현상에 대해 누구나 공감할 수 있는 재치 있는 문장을 만들게 됨으로써 상상력을 키우고, 동시에 언어도 사회가 변함에 따라 함께 변한다는 것을 자연스럽게 알게 됩니다.

속담이나 관용적인 표현을 만들어 보세요.

★ 휴대전화

관용적인 표현 지구 한 바퀴를 1초에 간다!

그렇게 생각하는 이유 휴대전화로 지구 한 바퀴를 1초에 간다는 의미로 휴대전화의 발달로 전 세계가 동시에 소통할 수 있음을 뜻한다.

★ 인터넷

관용적인 표현 인터넷으로 두 세상을 차린다.

그렇게 생각하는 이유 인터넷 속의 가상현실이 이제 삶의 일부로 자리 잡게 되었다. 다양한 사이트와 메신저의 발달은 거의 모든 인간 생활을 인터넷에서 영위할 수 있도록 하였으며, 이러한 가상현실은 동시에 여러 삶을 살 수 있게 해 주었다. 이 같은 의미로 '인터넷으로 두 세상을 차린다'는 인터넷을 통해 여러 삶을 동시에 살 수 있다는 말이다.

★ 텔레비전

관용적인 표현 바보상자 속의 천재들

그렇게 생각하는 이유 우리는 텔레비전을 바보상자라고 한다. 하지만 바보상자 속에는 굉장히 똑똑한 사람들로 넘쳐난다. 대통령, 학자, 장관 등 많은 전문가가 바보상자 속에 있다. 바보상자 속에 똑똑한 사람들이 있듯 비록 모두가 소용없다 할지라도 그 속에는 더 대단한 것이 있을 수 있다는 것을 말하고 싶었다.

★ 컴퓨터 게임

관용적인 표현:

그렇게 생각하는 이유:

★ 김치냉장고

관용적인 표현:

그렇게 생각하는 이유:

★ 전자사전

관용적인 표현:

그렇게 생각하는 이유:

활동지 18

비유적 표현으로 글짓기

이 활동지는 학생들의 표현력을 높이기 위한 것으로서, 비유하고자 하는 사물을 다른 사물에 빗댄 비유적 표현을 사용해 글짓기를 하도록 합니다. 비유적인 표현을 사용함으로써 고정된 사물을 다른 각도에서 볼 수 있게 도와주며, 활동을 할 때는 학생이 대상을 비유할 경우 적당한 근거를 들게 합니다. 근거는 본인만의 느낌을 설명하면 되므로 조금 엉뚱한 발상이더라도 칭찬해 주는 것이 좋습니다. 답한 내용의 소재가 풍부하고 이야기의 흐름이 순조로우면 표현력이 높은 학생이라고 판단할 수 있습니다.

비유적으로 표현해 보세요.

1. 비유적 표현을 사용하여 글을 지어 보자.

답 추운 겨울아침, 밤새 내 체온으로 달궈진 이불 속은 마치 엄마 품처럼 따뜻하다.

2. 왜 그렇게 생각하는지 적어 보자.

답 추운 겨울아침 눈을 떴을 때, 이불 속에서 느꼈던 따뜻하고 포근한 느낌을 엄마 품에 비유하고 싶었다.

3. 비유하고 싶은 두 대상 사이의 차이점과 공통점에 대해 정리해 보자.

답

비 교	차이점	공통점
이불 속	생명이 없는 사물의 일부다.	따뜻하고 포근하다.
엄마 품	생명체로 감정을 전달할 수 있다.	

활동지 19

단어를 듣고 느낌을 표현하기

이 활동지는 학생들의 표현력을 높이기 위하여 단어를 듣고 느낌을 표현도록 하는 것입니다. 학생들은 고정되어 있는 단어에 대해 여러 가지 의미를 부여함으로써 표현력을 키우고 단어에 대한 개념을 정리하게 됩니다. 단어를 표현할 때는 조금 다른 각도로 생각하고 표현할 수 있게 도와줍니다. 정답은 없으며, 문제를 푸는 게 숙제처럼 되면 부담스러우므로 학생들이 풀기 어려운 문제는 꼭 풀지 않아도 됨을 알려 주어야 합니다. 답한 내용의 소재가 풍부하고 이야기의 흐름이 순조로우면 표현력이 높은 학생이라고 판단할 수 있습니다.

단어를 듣고 그 느낌을 표현해 보세요.

★ **솜방망이** 왠지 솜처럼 가벼운 느낌이 든다. 솜사탕처럼 달콤할 것도 같고, 방망이라고 하니까 솜처럼 가벼운 방망이라는 뜻일 것 같다.

★ **해바라기**

★ **버들강아지**

★ **아지랑이**

★ **두루뭉수리**

★ **휘황찬란한**

활동지 20 가족 신문 만들기

이 활동지는 학생들의 표현력을 높이기 위하여 가족 신문을 만들게 하는 것입니다. 이 활동지를 통해서 학생들은 스스로 주제를 선정하고 내용을 구성하여 신문을 만들어 봄으로써 표현력을 키울 수 있습니다. 주제를 너무 추상적으로 정하거나 가족과 전혀 다른 것으로 정하지 않도록 지도합니다.

가족 신문 만들기 순서

1. 신문 제목 정하기
2. 신문 섹션(주제) 정하기
3. 취재, 기사 작성
4. 기사 순서 정하기
5. 신문 제작/발행
6. 편집

가족 신문 만들기

제목

기사1

기사2

기사3

기사4

21 활동지 의견에 알맞은 근거 제시하기

이 활동지는 학생들이 의견을 내고 그에 맞는 타당한 근거를 제시하도록 하는 것입니다. 근거는 가능한 직접적이며 구체적인 것으로 제시해야 누구나 공감할 수 있습니다. 정답은 없으며, 의견을 마음껏 내게 한 후 여러 이유를 스스로 고민하고 찾을 수 있게 지도합니다.

주장이나 의견을 내고 그 근거를 들어 보세요.

주장 책을 많이 읽자.

의견 책을 많이 읽어야 한다.

근거 1 책 속의 인물을 통해 다양한 경험을 할 수 있고 새로운 사실을 알게 된다.

근거 2 책을 읽음으로써 문장력을 키울 수 있다.

근거 3 사람들과 대화할 때 이야깃거리를 많이 제공할 수 있다.

활동지 22 비판하고 주장하기

이 활동지는 문제를 비판한 후 주장하는 구성 방식을 알게 하는 데 목적이 있습니다. 비판을 할 때는 독자가 공감할 수 있는 근거나 예화를 들어 근거 없는 비판만 하거나 주장을 내세우지 않도록 지도합니다.

다음 글을 읽고 물음에 답해 보세요.

쓰레기를 함부로 버리는 것은 잘못된 행동입니다.

누구나 함부로 버려져 있는 쓰레기를 보게 되면 인상을 찌푸리게 됩니다.

어제는 길을 가는데 중학생으로 보이는 오빠가 음료수를 먹고 캔을 함부로 버리는 것을 보았습니다. 그 오빠가 버린 캔은 공중을 날아 지나가는 사람의 머리에 떨어졌습니다. 당연히 캔에 남아 있던 음료수가 흘렀고 캔을 맞은 사람은 화를 냈습니다.

쓰레기를 버린 오빠는 많이 놀랐는지 도망가 버렸고요.

쓰레기를 함부로 버리면 크든 작든 주변 사람들에게 피해를 주게 됩니다.

그리고 무엇보다 쓰레기는 주변을 더럽히고 환경을 오염시킵니다.

앞으로는 쓰레기를 함부로 버리는 일이 없었으면 합니다.

1. 이 글에서 글쓴이는 무엇을 비판하는가?

답 쓰레기를 함부로 버리는 행동

2. 이 글에서 글쓴이는 문제점을 지적하기 위해 어떤 방법을 쓰고 있나요 ?

답 본인이 직접 었던 일을 이야기하는 방법으로 문제를 제기하고 있다.

1 정보 전달을 위한 글쓰기 219
2 설득하는 글쓰기 221
3 정서 표현의 글쓰기 223
4 친교의 글쓰기 227
활동지 230

10

용도에 따른 쓰기 전략

10

용도에 따른 쓰기 전략

쓰기의 궁극적인 목적은 쓰기 기능과 전략을 잘 활용하여 훌륭한 글쓰기를 하는 것에 있다. 이를 위해서 무엇보다 필요한 것은 적절한 쓰기 과제를 제시해 주는 것이다. 쓰기 과제는 글을 쓰게 하기 위해서 구체적으로 부과되는 문제를 말한다. 학생의 인지적 · 정의적 성장을 돕는 다양한 방법으로 구체적인 글을 쓰게 하는 훈련은 쓰기의 경험을 제공하고, 글쓰기 능력을 향상시킨다. 여기서 쓰기 과제는 '정보 전달을 위한 글쓰기' '설득하는 글쓰기' '정서 표현의 글쓰기' '친교의 글쓰기' 로 구분된다.

1 정보 전달을 위한 글쓰기

정보 전달을 위한 글쓰기는 상품 설명, 기사 등이 있는데, 독자에게 사물이나 현상에 대한 정보를 알려 주거나 어떤 문제에 관하여 독자의 의문이나 궁금증을 풀어 주고자 할 때 필요하다. 정보 전달을 위한 글은 그 목적이 분명하고 객관적이어야 한다. 글쓴이의 개인적인 생각이 들어간 지식과 정보는 독자에게 어떤 판단을 요구하게 하므로 본연의 목적에 위배될 수 있고, 내용이 분명하지 않은 글은 오히려 독자를 혼란스럽게 만든다. 가령, 버스 노선을 알려 주는 글이라면 버스의 출발지부터 마지막 정류장까지 순서대로 알려 주어야 한다. 만약 중간을 빼놓고 설명하거나 정거장이 마구 뒤섞여 있다면 올바른 정보 전달의 글이 될 수 없다.

설명문 쓰기

설명문은 어떤 대상의 특성이나 사실, 지식, 정보 등을 체계적으로 독자에게 전달하기 위하여 쓰는 글을 말한다. 만약 동물에 대해서 설명해야 한다면 우선 인터넷, 잡지, 책,

사전 등을 이용하여 동물에 대한 자료를 수집하고 그 자료를 바탕으로 설명문의 양식에 맞게 다음과 같이 구성해야 한다.

제목: 동물이란 무엇인가?

머리글: 글의 목적과 동기

본문:

1. 동물의 개념
2. 동물의 변화
3. 동물의 종류

맺음말: 요약 및 마무리

양식에 맞게 자료들을 배열하여 본문을 완성하고 맺음말에 요약 및 마무리를 하면서 정리한다. 일단 글을 모두 쓰고 난 후에는 다시 한 번 읽어 보면서 불필요한 내용은 없는지, 설명하고자 하는 내용이 빠지지는 않았는지, 문장의 연결관계를 검토해 본다.

효과적인 설명문 쓰기

- 정보가 쉽고 정확하게 전달될 수 있도록 언어 사용을 명확히 해야 한다.
- 사전적인 의미를 주로 사용하여 언어를 사용한다.
- 객관적인 입장을 유지하며 요약한다.

2 설득하는 글쓰기

설득이란 말이나 글로 다른 사람의 생각이나 행동에 영향을 끼치고자 하는 것으로서, 어떤 사실이나 정보를 독자에게 확신시키거나 설득하기 위한 글이다. 따라서 글쓴이의 생각이나 주장이 뚜렷해야 한다. 사실적인 글을 잘 쓰더라도 설득하는 글을 쓰는 데에는 어려워하는 경우가 많은데 설득하는 글은 단순한 사실만을 나열하는 것이 아니라 깊은 사고작용이 필요하기 때문이다.

설득하는 글을 쓰기 위해서는 우선 한 가지 문제를 정하고, 이에 따라 상대방을 설득할 수 있는 자료를 모아 어떻게 설득할 것인가를 정하고 내용을 조직해야 한다. 따라서 설득하는 글은 독자와 어떻게 의사를 소통할 것인가와 문제를 해결할 수 있는 방법을 찾는 것이 중요하다.

설득하는 글에는 표어, 발표문, 웅변 원고, 반성문 등이 있으며, 글의 목적에 따라 세 가지 방법이 있다. 첫째, 독자가 글쓴이의 생각에 반대하는 경우에는 글쓴이의 생각을 인정하도록 글을 써야 한다. 둘째, 독자가 글쓴이의 생각과 같은 경우에는 더욱 확신을 가질 수 있도록 글을 써야 한다. 셋째, 독자가 생각하는 바를 구체적인 행동으로 옮길 수 있도록 글을 써야 한다.

설득하는 글쓰기의 가장 기본이 되는 것은 논설문으로서 주장하는 글의 형식은 여러 가지가 있지만 초등학생들이 쓰는 방법은 서론, 본론, 결론의 3단 구성을 가장 많이 사용한다.

서론

서론은 문제를 제기하고, 글을 쓰는 동기와 본문에서 다룰 문제를 소개한다. 서론을 시작하는 방법은 다음과 같다.

결과로 시작 결과로부터 시작하여 독자의 흥미를 이끈다.

예) 오늘날은 급변하는 사회다. 그렇게 된 까닭은 무엇인가? 그것은 정보통신의 발달 때문이다.

주제로 시작 주제로부터 시작하여 독자가 핵심 주제가 무엇인지를 알게 한다.

예) 우리는 신용 정신을 길러야 한다. 신용 정신은 서로를 믿게 하는 밑거름이기 때문이다.

예를 들어 시작 독자의 흥미를 일으키기 위하여 자신이 경험한 일이나 사실을 자연스럽게 주제에 적용한다.

예) 숙제를 미루다 결국 잊어버리고 하지 않아 선생님께 혼이 났다.

뜻 풀이로 시작 개념 설명이나 새로운 용어 풀이를 먼저 한다.

예) 충격이란 무엇을 보고 놀란 것을 말한다. 우리는 새로운 것을 보면 충격을 받게 된다.

인용으로 시작 유명한 사람의 말이나 격언, 속담 등을 인용한다.

예) '백문(百聞)이 불여일견(不如一見)' 이라는 말이 있다.
백 번 듣는 것보다 한 번 보는 것이 낫다는 말이다.

본 론

본론은 주장하려는 내용을 적는 것으로서 근거에 따라 문단으로 나누어 쓴다. 문장에서 큰 주장과 작은 주장이 논리적으로 연결되어야 글의 설득력이 높아진다.

결 론

결론은 마지막 단계로서 전체를 마무리하는 내용이다. 결론을 쓸 때는 본론에서 구체적으로 펼친 주장을 간략하게 간추려서 다시 한 번 강조하는데, 문장이 간결하고 인상적이어야 기억에 남는다. 길고 복잡한 문장은 설득력이 떨어지므로 주의해야 한다.

효과적으로 설득하는 글쓰기

- 설득을 하기 위해서는 지적으로도 풍부한 내용을 알아야 하며, 믿을 만한 내용이어야 한다.
- 정보는 정확하고 확실해야 한다.
- 거짓을 말하거나 사실을 감추어서는 안 된다.
- 독자의 입장을 이해하고 고려하는 투로 써야 한다.
- 구체적이고 명확한 용어를 써야 한다.
- 강요하지 말고 스스로 생각하여 결정하도록 써야 한다.

3 정서 표현의 글쓰기

정서 표현의 글쓰기는 시, 수필, 감상문과 같이 언어의 독특한 사용으로 독자에게 심미적 정서를 불러일으키거나 즐거움을 느끼게 하는 글이다. 정서란 사람의 마음에 일어나는 갖가지 감정, 또는 그런 감정을 유발하는 주위의 분위기나 기분, 또는 희로애락과 같이 본능적·충동적으로 외부에 표출되기 쉬운 감정을 말한다. 따라서 정서 표현의 글은 자신이 사물이나 현상에 대해서 느낀 인상이나 감동, 의견 등의 감정을 기록한다.

정서 표현의 글을 잘 쓰려면 체험을 사실적으로 전달해야 하며, 그에 대한 느낌이나 감정을 솔직히 담아 전달해야 한다.

시 쓰기

시는 생활 속에서 보고, 듣고, 느끼고, 생각한 것을 노래하듯이 짧게 음악적으로 표현하는 것이다. 시를 잘 쓰기 위해서는 먼저 글감을 잘 선택하는 것이 중요한데, 글감은 가까운 데서 찾아 쓰는 것이 좋다. 또한 시를 쓸 때는 생각과 느낌이 드러나게 해야 한다.

설명은 피하고 꼭 필요한 낱말을 골라서 행을 구분하여 리듬감 있게 표현하며, 생명과 형체를 불어넣어 살아 있게 쓰는 것이 중요하다. 독자가 그림을 보듯이 상상할 수 있으면 좋다. 시를 쓸 때 글감을 정하는 방법은 다음과 같다.

생활시 주변 인물, 동 · 식물, 식품, 과일, 일상 생활용품 등 생활 속에서 우리와 아주 관계 깊은 것들 중에서 글감을 찾도록 한다.

예) 학교, 친구, 강아지, 김밥, 사과, 연필

자연시 자연의 모습과 변화에서 글감을 찾도록 한다.

예) 가을, 낙엽, 새싹, 봄, 강, 비

추상시 우리 눈에 보이지 않는 생각이나 의미, 추구하는 바 중에서 글감을 찾도록 한다.

예) 애정, 행복, 우정

감상문 쓰기

독후감은 글을 읽고 그 책을 통해 느낀 인상이나 감동, 의견 등을 기록하는 글이다. 독후감에는 무엇을 느꼈고, 어떠한 감동을 경험했는지, 어떠한 의문이 생겼는지, 나만의 견해는 어떤 것인지를 표현할 수 있다. 독후감은 감성을 풍부히 하고, 사물을 주의 깊게 살펴보는 습관을 갖게 하며, 자신만의 표현력을 높이는 효과가 있다.

감상문을 쓰는 형식

- 독후감의 제목은 읽은 책 제목이 아닌 다른 재미난 제목으로 붙일 수도 있다.
- 책을 읽게 된 동기와 읽고 난 다음 배운 점을 쓴다.
- 이야기의 줄거리와 느낌을 골고루 섞어서 쓴다.
- 작품의 전체 내용을 고루 담아 쓴다.
- 가장 크게 받은 느낌이나 감동을 강조해서 쓴다.
- 자신의 경험과 생활을 책 내용과 견주어 가면서 쓴다.
- 자신의 기준과 판단을 동원하여 비판적 시각으로 쓴다.
- 독후감만 읽어도 책의 내용을 대강 짐작할 수 있도록 쓴다.

글의 종류에 따른 감상문 쓰는 법

[전기 인물전]

- 주인공의 성격이나 행동의 특성
- 시대적 배경
- 성장 과정에서 겪은 역경이나 난관의 극복
- 나의 생활과 비교
- 업적에 대한 일화
- 존경하는 이유
- 우리에게 주는 교훈
- 본받을 점, 혹은 비판

[동화]

- 등장인물의 성격과 행동
- 감동받은 장면
- 기쁜 일, 슬픈 일, 안타까운 일
- 다른 인물과의 관계와 사건의 전개
- 주제를 살펴보고 옳고 그름을 비판
- 나의 생활과 비교

[과학책]

- 새롭게 알게 된 사실이나 깨닫게 된 점
- 주인공의 숨은 노력이나 탐구 정신
- 책의 내용이 우리에게 미치는 영향, 우리 생활과의 연관성

[시]

- 시의 배경이나 주제와 관련된 재미있는 표현
- 감동적인 내용
- 나의 생활과 비교하여 느낀 점

감상문을 쓰는 순서

[시작 부분]

- 책을 읽게 된 동기를 밝힌다.
- 주인공에 대한 간단한 소개를 한다.

- 책을 처음 대했을 때의 느낌을 적는다.
- 책에 대한 소개를 한다.
- 책을 다 읽고 나서의 소감을 적는다.
- 지은이에 대한 소개를 한다.
- 감동받은 내용을 소개한다.

[가운데 부분]

- 느낌을 써 나가면서 중간에 줄거리와 생각을 쓴다.
- 가장 감동 깊었거나 기억에 남는 내용 몇 가지를 골라 쓴다.
- 이야기가 담고 있는 주제를 중심으로 자신의 의견이나 생각을 쓴다.

[마지막 부분]

- 앞에서 쓴 내용과 관련지어 책을 통해 배운 점이나 느낀 점을 쓴다.
- 나의 다짐 등으로 자연스럽게 끝맺음을 한다.

4 친교의 글쓰기

친교의 글쓰기는 안부를 묻거나 의견을 교환하거나 협조를 구하는 일 등 사적인 성격이 강한 글이다. 주로 자기 표현을 위한 편지, 소개장, 메모, 쪽지와 같이 내적인 표현 의지를 나타낸다. 친교의 글쓰기를 할 때 주의할 점은 아무리 사적인 경우라도 예의를 지키고 마음을 진솔하게 표현해야 한다.

편지

특정한 대상에게 보내는 글로 대개 일정한 형식에 맞추어 쓴다. 실용적이며 사교성이 강하고 문어체의 격식에 맞춘다. 한쪽의 의견만이 일방적으로 전달되는 특징이 있다.

편지의 형식

- 서두: 받는 사람의 호칭, 첫인사, 계절과 관련된 인사, 문안인사, 자기 안부
- 사연: 편지를 쓰게 된 이유, 용건
- 결미: 끝인사, 날짜, 서명
- 부기(추신, ps): 깜빡 잊고 빠뜨린 내용

편지 쓰는 요령

- 어렵게 생각하지 말고 상대방과 마주보고 이야기하듯 편안한 기분으로 쓴다.
- 상대방이 편안하게 받아볼 수 있도록 친근하며 알기 쉬운 문장으로 쓴다.
- 대상에 따라서 그에 알맞은 예의나 격식을 갖추어 쓴다.

편지의 효용

- 일정한 격식과 성의를 갖추어 쓰는 글로서 정성이 들어갔다는 점에서 받는 사람을 기쁘게 한다.
- 말로 할 수 없었던 이야기를 대신할 수 있다.
- 서로의 소식을 전할 수 있다.
- 글로 기록한 것이기 때문에 오래 남길 수 있다.

일기

일기는 하루 동안 가장 인상 깊었거나 중요하다고 생각되는 일을 반성과 감상을 곁들여 쓰는 글이다. 하루의 일들을 떠올리면서 글감을 선정하는데, 스스로 정하기 어려울 때는 부모님의 도움을 받는다.

일기 쓰는 요령

- 연, 월, 일, 요일을 꼭 쓴다.
- 하나의 글감을 정한다.
- 날씨는 자세하게 표현해서 문장으로 쓴다.
- 한 일보다 생각하고 느낀 점을 쓴다.
- 중심생각이 나타나도록 쓴다.
- 한 가지 내용만 정해서 자세하게 쓴다.
- 대화 글을 넣어서 쓴다.

활동지 1

태극기 설명하기

이 활동지는 다른 나라 친구에게 태극기를 소개하는 글을 써 보면서 자신이 가지고 있는 지식을 다른 사람에게 효과적으로 전달하는 방법을 배우도록 하는 것입니다. 활동할 때 학생이 모르는 정보는 스스로 찾아볼 수 있도록 지도합니다.

다른 나라 친구에게 태극기를 소개하는 편지를 써 보세요.

발리에게

발리, 안녕?

얼마 전 네가 보내 준 편지를 읽고 내가 우리나라의 국기에 대해 모르는 것이 많다는 것을 알았어. 그래서 며칠간 우리나라 국기인 태극기에 대해 공부를 했어.

오늘은 네게 태극기를 소개해 주려고 해.

태극기의 모양을 전체적으로 보면, 흰색 바탕의 한가운데에 태극 문양이 있어. 그리고 건, 곤, 감, 리라고 하는 사괘가 태극 문양을 감싸고 있어. 원이 나타나는 태극은 만물을 생성시키는 근원을 의미하는 거야.

태극 문양은 양의 기운을 나타내는 빨간색과 음의 기운을 나타내는 파란색으로 이루어져 있어. 이는 우주 만물이 양의 기운과 음의 기운을 바탕으로 조화롭게 만들어지고 발전한다는 자연의 이치를 나타낸 것이라고 해.

사괘는 검은색으로 막대 모양이고, 왼쪽 위에 있는 건은 정의를 의미하며 하늘을, 오른쪽 아래에 있는 곤은 풍요를 의미하며 땅을, 오른쪽 위에 있는 감은 지혜를 의미하며 달을, 왼쪽 아래에 있는 리는 생명력을 의미하며 해를 가리키는 거야.

발리! 너 때문에 나는 태극기에 대해 많은 것을 알게 되었어. 정말 고마워.

2013년

선정이가

활동지 2

관찰 기록지 만들기

이 활동지는 특정 대상을 일정 기간 관찰한 후 기록하는 것입니다. 관찰 대상은 저학년일수록 짧은 기간에 변화가 뚜렷한 것으로 선정하도록 합니다.

관찰 대상을 정하여 관찰 기록지를 작성해 보세요.

관찰 대상: 강낭콩
실험 목표: 햇빛이 강낭콩의 성장에 미치는 영향
관찰 주기: 일주일, 2012. 08. 06 ~ 2012. 08. 12

2012년 08월 10일, 관찰 5일차, 날씨: 흐림, 기온: 27℃, 습도: 70%

[실험 계획]

1. 예상하기
   - 햇빛을 받은 쪽이 더 잘 자랄 것이다.
   - 햇빛을 받지 못한 쪽은 잘 자라지 못하거나 죽을 것이다.
2. 준비물 – 어느 정도 자란 강낭콩 화분 2개

[실험 방법]

1. 잎이 6~7장 정도로 자란 강낭콩 화분 2개를 준비한다.
2. 한 화분은 햇빛이 잘 드는 곳에 두고, 또 다른 화분은 그늘에 둔다.
3. 식물의 변화를 비교하여 관찰한다.

[실험 조건]

- 동일하게 해야 할 조건–물을 주는 양과 시기, 화분 안의 흙, 화분의 크기
- 다르게 해야 할 조건–햇빛의 양(화분을 두는 장소)

창가에 둔 강낭콩	그늘에 둔 강낭콩
햇빛을 받은 강낭콩의 잎과 줄기는 진한 녹색이고 잎은 두꺼우며, 줄기도 굵게 자라서 전체적인 모습이 건강해 보인다.	햇빛을 받지 못한 강낭콩의 잎과 줄기는 연한 녹색이고 잎이 작으며, 줄기는 가늘고 길어서 전체적인 모습이 연약해 보인다.

[실험 결과]

- 햇빛을 받은 강낭콩–잎이 크고 두꺼우며, 진한 녹색이고 줄기가 굵고 짧다.
- 햇빛을 받지 못한 강낭콩–잎이 작고 얇으며, 연한 녹색이고 줄기가 가늘고 길다.

[정리]

- 식물이 잘 자라기 위해서는 햇빛이 필요하다.

활동지 3

설득하는 글쓰기

이 활동지는 현상을 파악한 후 원인을 분석하고 해결책을 찾는 글을 작성하도록 하는 것입니다. 이 활동지를 통해서 글쓰기의 기본이 되는 원인을 찾아 근거를 제시하는 방법을 배울 수 있습니다. 학생이 글쓰기를 하는 데 어려움을 느낄 때는 지금까지 배운 것을 충분히 활용할 수 있도록 지도해 줍니다.

환경오염에 대한 원인을 분석하여 문제를 해결하는 과정으로 글을 작성해 보세요.

1. 환경오염의 종류는?

답 대기오염, 수질오염, 소음공해, 토양오염이 있다.

2. 환경오염의 원인은?

답 대기오염은, 공장의 매연, 자동차의 매연 때문에 발생하고, 수질오염은 샴푸나 린스, 공장의 폐수, 생활하수 등이 원인이 된다. 소음공해는 대체로 도시에서 많이 발생하는데, 자동차의 소음이나 공사장 소음 등이 그 이유다. 토양오염은 농약이나 화학비료를 사용하거나 쓰레기를 함부로 버리는 데 원인이 있다.

3. 환경오염으로 파괴된 현실의 예는?

답 지구의 오존층이 파괴되면서 자외선으로 인한 피부병이 발생하고, 여러 동식물이 멸종 위기에 처했다.

4. 환경오염의 대책은?

답 음식물 쓰레기는 분류하여 버리고 가까운 거리는 자동차를 이용하지 말고 걸어 다니는 습관을 들인다. 또 샴푸나 린스의 사용을 줄이고 농사를 지을 때는 가능한 한 퇴비를 사용한다.

활동지 4

시 쓰기

이 활동지는 학생들의 쓰기 능력을 높이기 위한 것입니다. 소재를 정해 자유롭게 시를 써 보도록 지도합니다.

다음 소재에 맞게 자유롭게 시를 써 보세요.

공부

공부는 내 인생의 행복
공부는 즐거움
공부는 행복
공부는 더 없이 기쁨을 주는 것
공부는 매일 해도 좋은 것
공부는 인생을 바꾸어 주는 것
공부는 갈수록 깊어지는 것
그래서 나는 공부가 좋다.

활동지 5

감상문 쓰기

이 활동지는 학생들의 쓰기 능력을 높이기 위한 것입니다. 글을 읽고 감상문을 써 보도록 지도합니다.

다음 글을 읽고 질문에 따라 감상문을 써 보세요.

여수 가서 돈 자랑하지 마라

나는 여행을 좋아한다. 모처럼 여수에 갔는데 여수에 대해서 많은 것을 알게 되었다. 그중에서 "여수 가서 돈 자랑하지 마라."라는 옛말이 있다. 누구의 입에서 비롯되었는지 모르지만 이 이야기는 수십 년 동안 여수에서 돌고 돌았다. 어업이 잘될 때 일이다. 어떤 이는 그 말을 희망의 메시지로 품고 여수행 기차에 몸을 실었고, 부두를 서성이다 먼 바다로 떠났을 것이다.

남해안은 자타가 공인하는 최고의 황금어장이었다. 그 어장터에 가장 가까운 여수항으로 안강망, 쌍끌이, 트롤, 기선선인망 등 온갖 고깃배들이 몰려드는 것은 당연했다. 상인들 또한 북새통을 이루니 고깃값은 연일 상종가를 쳤을 것이다. 근해에서 고기를 잡던 어선은 물론 멀리 원양 어선들까지 잡아온 생선과 함께 목돈을 손에 쥔 선원들을 풀어냈다. 여수에 있는 모든 여관, 술집, 밥집, 어구점, 금융업, 중매업, 창고업, 제빙공장, 조선소, 가공공장, 배달업, 소매 · 도매업 등 어업과 직접 또는 간접적으로 연관이 있는 산업이 덩달아 성황이었다. 내륙에 사는 전라도 사람들은 여수의 호경기로 인해 하루 날품이라도 팔려고 북새통을 이루기도 하였다. 더욱이 무려 15차례나 매립을 통해 시가지가 만들어진 여수는 끊임없이 인부들을 공사장으로 불러들였다. 이렇듯 여수에는 사람이 몰려들고 돈과 물자가 풍부하였으니 "여수 가서 돈 자랑하지 마라."라는 말이 회자되었을 법하다.

여수에서는 고기가 곧 돈이었고, 배만 타면 한몫을 잡을 수 있다는 기대는 적어도 1980년대까지 지속되었다. 여수는 물론 인근 순천과 광양 지역 전봇대에 선원모집 광고가 덕지덕지 붙었다. 정부가 1970년대 말 세계은행 차관을 끌어다가 국동어항단지를 조성하기도 했을 만큼 수산업은 여수의 경제를 돌리는 힘이었다. 그래서 1980년대의 여수는 전라도 사람들이 꿈에 그리던 낙원과 같은 곳이었다.

1. 읽게 된 동기

답 학교의 과제였다.

2. 저자에 대한 소개

답 여행을 좋아하는 사람

3. 느낀 점

답 여수에 대해서 새로운 사실을 알게 되었다.

4. 나의 다짐

답 나는 여수를 가보지 않았지만 이 글을 읽고 나서 한 번 가 보고 싶다는 생각이 들었다.

5. 배운 점

답 여수가 옛날에는 아주 부유했고, 물자도 풍부한 고장이었다는 사실을 알게 되었다.

6. 아쉬운 점

답 아쉬운 것은 지금 현재는 어떻게 변했는지에 대한 내용이 부족하다는 점이다.

활동지 6

편지 쓰기

이 활동지는 학생들의 쓰기 능력을 높이기 위한 것입니다. 친구나 부모님에게 편지를 써 보도록 지도합니다.

친구나 부모님에게 편지를 써 보세요.

1 서술형 평가의 유형별 특성을 파악하라 241

2 출제 경향을 파악하라 244

3 기출문제를 확실하게 익혀라 246

4 글쓰기 연습을 끊임없이 하라 250

11

서술 · 논술형 100점으로 가는 지름길

11

서술 · 논술형
100점으로
가는 지름길

서술형 문항은 주어진 문제에 대해 자신의 생각을 구성하고 이를 글로 표현하도록 하는 문항 유형을 말한다. 즉, 서술형 평가는 서답형 평가이면서 상대적으로 학생의 반응 자유도가 높고 응답해야 할 분량이 많은 평가 문항이다. 이처럼 서술형은 학생에게 출제자가 제시한 답을 선택하도록 하는 평가 방식이 아니라 학생이 답이라고 생각하는 지식이나 의견 등을 직접 서술하도록 하는 평가 방식이다.

학교에서 실시하는 지필평가는 크게 선택형과 서답형으로 나뉜다. 선택형에는 선다형, 진위형, 연결형 등이 있으며, 서답형에는 단답형, 완성형, 서술형, 논술형 등이 있다. 그중 단답형은 주어진 질문에 간단한 단어나 숫자로 답하는 방식이고 완성형은 한 문장 또는 여러 문장을 나열한 뒤 중간에 괄호나 빈칸을 두어 필요한 단어나 숫자를 채워 넣도록 하는 방식이다.

서술형 평가는 학생들의 단편적인 지식의 암기를 지양하고, 창의성, 문제해결력 등 고등 정신 능력의 함양을 목적으로 하고 있다. 서술형 평가는 과목 성격과 학년 수준에 따라 다를 수 있지만, 적어도 주어와 술어 등이 포함된 하나의 문장 이상으로 답하도록 한다.

서술형 문항에서 핵심은 학생들이 자신의 생각을 스스로 구성하고 이를 표현하는 것이며, 따라서 평가 상황에 따라 학생들의 응답의 길이는 문항 제작 시 다양하게 조정할 수 있다.

1 서술형 평가의 유형별 특성을 파악하라

서술형은 단답형이나 완성형을 뛰어넘는 방식으로 한 문장 또는 두 문장 이상을 학생 스스로 전부 완성할 수 있어야 한다. 보통 어떤 개념이나 상황, 전후 맥락이나 이야기의 줄거리 등에 대해 '이해하기' '요약하기' '이유나 근거 대기' '과정을 압축적으로 보여 주기' 등을 요구하는 식의 문제가 많다.

응답 제한형

학생들의 반응 허용 정도가 상당히 제한된 서술형을 일컫는 것으로, 반응의 내용과 형식을 구체적으로 지시하여 제한된 답만 나오게 하는 평가 문항 유형이다. 응답 제한형은 '지식' 수준을 측정하는 것이 아니라 '이해' 수준 이상의 행동을 측정한다.

문제의 형태는 '차이점을 세 가지 제시하시오.' '몇 자 이내로 설명하시오.' '풀이 과정을 쓰시오.' 등이 대표적이다. 서술형 문제는 내키는 대로 무제한적으로 자유롭게 쓸 수 있는 것이 아니라 내용이나 분량 등 서술 방식을 제한하는 응답 제한형이 대부분이다. 이 유형의 답을 쓸 때는 수험생 자신의 말로 표현해야 한다. 〈표 11-1〉은 응답 제한 방법에 따른 유형을 정리한 것이다.

예) 철수가 운동장에 휴지를 버리려고 하는데 버리는 것이 좋은가? 아니면 버리지 않는 것이 좋은가? 둘 중에 하나를 선택하고 그 이유를 설명하시오.

응답 제한형에서 평가하는 요소
인과관계를 설명하는 능력
원리의 적용을 기술하는 능력
적절한 논의를 제시하는 능력
조리 있게 가설을 설정하는 능력
타당한 결론을 도출하는 능력
필요한 가정을 진술하는 능력
자료의 제한점을 기술하는 능력
방법과 절차를 설명하는 능력

〈표 11-1〉 응답 제한 방법에 따른 세부 유형

분량 제한형	답안을 작성할 때 문장 수, 글자 수, 행 수 등의 물리적 제한을 가하는 평가 유형을 말한다.
	예) 동물이 진화한 이유를 100자 이내로 설명하시오.
범위 제한형	응답할 내용의 범위를 정해 그 안에서 답을 작성하도록 하는 평가 유형을 말한다.
	예) 평등을 경제 성장 측면에서 예를 들어 설명하시오.
서술 양식 제한형	응답할 서술 양식을 제한하는 평가 유형을 말한다.
	예) 이순신 장군의 승리 원인을 논하시오.

응답 자유형

답안 작성에 아무런 제한도 가하지 않고 수험생 개개인의 능력에 의존하는 것으로, 학생 수준과 시험 시간에 따라 간접적인 제한을 받는다. 응답 자유형은 학생의 자유로운 반응을 보장해 주는 평가 유형이다.

〈표 11-2〉는 답안 작성에 필요한 자료나 과제를 학생에게 제공하는지, 하지 않는지에 따라 평가 문항을 분류한 것이다.

예) 영희는 육식을 좋아한다. 영희가 육식을 좋아하는 이유와 장단점을 자유롭게 설명하시오.

〈표 11-2〉 자료 제공 여부에 따른 세부 유형

단독 과제형	가장 일반적인 평가 유형으로 자료나 정보를 제시하지 않고 특정 내용에 응답하도록 한다.
	예) 왕건이 고려를 건국하게 된 원인을 적으시오.
자료 제시형	평가 문항 속에 학생이 읽을 자료를 제시해 주고 그것을 바탕으로 해서 응답하도록 한다.

응답 자유형에서 평가하는 요소
아이디어를 만들어 내고 조직하고 표현하는 능력
서로 다른 분야에서 학습한 내용을 통합하는 능력
독창적인 형태를 만들어 내는 능력
아이디어의 가치를 평가하는 능력

2 출제 경향을 파악하라

서술 · 논술형 시험은 단순히 암기한 지식을 묻는 것이 아니라 학생들의 사고력과 논리력을 키우고자 하는 목적을 가지고 있다.이를 위해서 각 과목별로 저마다 독특한 출제 경향을 보이는데, 그것은 다음과 같다.

국어

국어 과목은 언어를 중심으로 한 언어적 창의력을 측정하기 위하여 교과서나 신문에서 찾아 쓰기, 이유 설명하기, 구체적인 의미 서술하기, 차이 및 비교 분석하기, 실생활과 관련된 문제 등이 출제되었다. 이 같은 문제의 출제 의도는 학생들이 얼마나 교과서를 꼼꼼히 학습했는지를 확인하는 것이다. 국어의 서술 · 논술형 시험에 대비하려면 교과서나 신문을 정독하고 내용의 전반적인 흐름을 파악하여 그 내용을 분석할 줄 알아야 한다.

수학

수학 과목은 스스로 궁리하는 과정을 통해 재발견과 재발명을 해내는 문제해결 능력을 측정하기 위하여 단순히 공식만 암기하면 문제가 해결되는 것이 아니라 풀이 과정을 요구하는 유형의 문제가 출제되었다. 이 같은 문제의 출제 의도는 학생들이 문제에 대해 단순 암기가 아닌 얼마나 이해했는지를 확인하는 것이다.

수학은 쉬운 문제라도 풀이 과정을 차분하게 정리해 보는 것이 중요하며, 무엇보다 공식에 맞추어 문제를 응용할 줄 알아야 한다.

영어

영어 과목은 단순 암기보다 응용 및 요약 능력을 측정하기 위하여 완벽한 영어 문장으로 답하기를 요구하거나 빈칸에 알맞은 절이나 구를 넣는 문제와 단원별 주요 구문에 대한 간단한 문법 문제가 출제되었다. 이 같은 문제의 출제 의도는 학생들의 영어에 대한 응용 능력과 문법 능력을 확인하는 것이다.

영어 서술형 시험에 대비하기 위해서는 문장의 해석보다 간단한 문장이라도 문장 전체를 암기하고 써 보는 연습을 해야 한다. 따라서 교과서에 나와 있는 내용과 비슷한 형태의 예문을 만들 줄 알아야 한다.

사회

사회 과목은 학생 스스로 정보를 해석 · 분석 · 조작하는 고차원적인 사고력을 측정하기 위해 도표나 그림을 통해 핵심 내용을 묻거나 신문기사를 통해 교과 내용을 응용한 문제들이 출제되었다. 이 같은 문제의 출제 의도는 학생들이 다양한 배경지식을 가지고 있는지, 그리고 논리적 사고를 하는지를 확인하는 것이다.

사회는 교과서나 신문을 많이 읽고 전반적인 흐름과 세부 내용(중요 사건과 핵심 용어)을 정리할 줄 알아야 한다.

과학

과학 과목은 유창하고 융통성 있으며 통합적인 탐구적 사고력을 측정하기 위해 주로 실험을 제시하고 결과를 묻거나 원리와 사실 관계를 묻는 유형과 기본 개념의 이해 외에도 실험, 도표, 그래프를 해석하거나 파악하는 문제들이 출제되었다. 이 같은 문제의 출제 의도는 학생들이 교과 내용을 이해하고 있다는 전제를 두고 그 내용에 대한 실험에서의 사고력과 응용력을 확인하는 것이다.

과학은 생활 속 과학현상과 연계한 문제가 출제될 가능성이 높기 때문에 교과서를 중심으로 기본 개념을 충분히 학습한 후 사례를 찾아 암기하도록 한다.

3 기출문제를 확실하게 익혀라

보통 서술 · 논술형 시험문제는 학생들이 얼마나 수업에 집중했는지, 꼼꼼하게 공부했는지를 확인해 보는 문제가 출제된다. 이에 따라 교과서 외에 수업시간 중에 필기했던 내용과 프린트물 등을 문제의 소재로 활용한다. 이 같은 서술 · 논술형 시험문제에 친숙해지기 위해서는 먼저 기출문제를 살펴 반복 출제되는 문제부터 확실히 익히는 것이 중요하다.

예문 1)

다음 이야기를 듣고 문제가 있는 부분을 말하시오.

병들어 가는 지구를 살리는 일은 헤아릴 수 없을 정도로 많습니다. 그중의 하나가 바로 쓰레기 분리수거입니다. 과연 우리가 버린 쓰레기는 얼마나 오래 갈까요? 병은 1,000년, 알루미늄캔은 500년, 가죽과 철 캔은 50년, 나일론은 30~40년입니다. 우리가 버리는 쓰레기는 이렇게 오래도록 썩지 않고 환경을 오염시킵니다. 가정에서도 태울 것과 태우지 않을 것을 분명히 구분해야 합니다. 또, 쓰레기를 함부로 태우지 말아야 공기가 깨끗해집니다. 그리고 나무를 많이 심어 좀 더 쾌적한 환경이 되도록 해야 합니다. 나무가 없는 도시는 죽음의 도시 그 자체입니다. 현재는 학교에서도 쓰레기는 따로 분리하고, 우유갑이나 공책은 재활용합니다. 조금은 나아졌으나, 다시 우리의 손길이 소홀해진다면 이 아름다운 금수강산은 온통 쓰레기로 뒤덮여 버릴 것입니다. 우리의 소중한 환경을 보살펴 주고, 우리가 살고 있는 지구가 바로 '우리 터전' 임을 잊지 맙시다.

예시 답 '또, 쓰레기를 함부로 태우지 말아야 공기가 깨끗해집니다. 그리고 나무를 많이 심어 좀 더 쾌적한 환경이 되도록 해야 합니다. 나무가 없는 도시는 죽음의 도시 그 자체입니다.' 는 쓰레기 분리수거와 직접 관련되지 않아 통일성을 떨어뜨리고 있다. 즉, 화자가 이야기하는 중심내용과는 거리가 있는 내용이다.

예문 2)

다음은 어느 중학생이 자신의 감정을 노래한 것이다. 잘 읽고 물음에 답하시오.

"시험을 망쳤어. 오! 집에 가기 싫었어. 열 받아서 오락실에 들어갔어. 어머, 이게 누구야. 저 대머리 아저씨. 내가 제일 사랑하는 우리 아빠……. 가끔 아빠도 회사에 가기 싫겠지. 엄마 잔소리. ……가슴이 아파. 아빠의 한숨 소리. 내일도 회사에 가기 싫으실까? ……."

– 한스 밴드의 '오락실' –

① 공감하는 내용은 어느 부분인가?

② 공감하지 못하는 내용은 어느 부분인가?

③ 문제 ②의 이유는 무엇인가?

예시 답 ① 공감하는 부분: 시험을 망쳐서 집에 가기 싫을 정도로 실망했던 경험, 엄마의 잔소리를 듣기 싫어했던 경험에서 느꼈던 생각

② 공감하지 못하는 부분: 아빠와 오락실에서 만났다는 내용

③ 공감하지 못하는 이유: 보통의 경우 아빠와 아이들이 같은 오락실에서 만나기는 힘들기 때문(이런 경험을 한 아이들이 적을 것으로 생각됨.)

예문 3)

다음 소설을 읽고 물음에 답하시오.

(가) 그것은 여(余)가 만주를 여행할 때 일이었다. 만주의 풍속도 좀 살필 겸 아직껏 문명의 세례를 받지 못한 그들 사이에 퍼져 있는 병(病)을 좀 조사할 겸해서 일 년의 기한을 예산하여 가지고 만주를 시시콜콜히 다 돌아본 적이 있다. 그때에 ○○촌이라 하는 조그만 촌에서 본 일을 여기에 적고자 한다.

(나) 소녀의 입술이 파랗게 질렸다. 어깨를 자꾸 떨었다.

무명 겹저고리를 벗어 소녀의 어깨를 싸 주었다. 소녀는 비에 젖은 눈을 들어 한 번 쳐다보았을 뿐, 소년이 하는 대로 잠자코 있었다. 그러고는 안고 온 꽃묶음 속에서 가지가 꺾이고 일그러진 송이를 골라 발밑에 버린다.

소녀가 들어선 곳도 비가 새기 시작했다. 더 거기서 비를 그을 수 없었다. 밖을 내다보던 소년이 무엇을 생각했는지 수수밭 쪽으로 달려간다. 세워 놓은 수숫단 속을 비집어 보더니, 옆의 수숫단을 날라다 덧세운다. 다시 속을 비집어 본다. 그리고는 이쪽을 향해 손짓을 한다.

① 두 작품의 공통점은 무엇인가?

② 두 작품의 차이점은 무엇인가?

예시 답 ① 서술자가 객관적 입장을 취하고 있다.

② (가)는 서술자가 작품 속의 등장인물이고, (나)는 서술자가 작품 밖의 인물이다.

예문 4)

다음 소설을 읽고, 물음에 답하시오.

나는 한번 맘을 먹은 다음엔 꼭 그대로 하고야 마는 성미지요. 그래 안마당으로 뛰쳐 들어가면서,

"엄마, 엄마, 사랑 아저씨도 나처럼 삶은 달걀을 제일 좋아한대."

하고 소리를 질렀지요.

"떠들지 마라."

하고, 어머니는 눈을 흘기십니다. 그러나 사랑 아저씨가 달걀을 좋아하는 것이 내게는 썩 좋게 되었어요. 그것은 그다음부터는 어머니가 달걀을 많이씩 사게 되었으니까요. 달걀장수 노파가 오면 한꺼번에 열 알도 사고 스무 알도 사고, 그래선 두고두고 삶아서 아저씨 상에도 놓고, 또 으레 나도 한 알씩 주고 그래요. 그뿐만 아니라, 아저씨한테 놀러 나가면 가끔 아저씨가 책상 서랍 속에서 달걀을 한두 알 꺼내서 먹으라고 주지요. 그래 그담부터는 나는 아주 실컷 달걀을 많이 먹었어요.

① 이 소설의 서술자를 '어머니'로 바꾸어 써 보자('나'의 이름은 박옥희임).

② 이 소설에서 어머니와 아저씨는 서로 사랑하지만 재혼에 대한 사회의 부정적인 인식 때문에 사랑을 이루지 못한다. 그러한 사회에 대하여 어떻게 생각하는가?

③ 내가 '어머니'나 '사랑 아저씨'라면 어떻게 하였을까?

예시 답 ① 옥희는 한번 맘을 먹은 다음엔 꼭 그대로 하고야 마는 성미였다. 옥희는 안마당으로 뛰어 들어오면서, "엄마, 엄마, 사랑 아저씨도 나처럼 삶은 달걀을 제일 좋아한대." 하고 소리를 질렀다. "떠들지 마라." 나는 옥희에게 눈을

흘겼다. 그러나 사랑 손님이 달걀을 좋아하는 것을 알게 된 다음부터는 달걀을 많이씩 사게 되었다. 달걀장수 노파가 오면 한꺼번에 열 알도 사고 스무 알도 샀다. 그리고 삶아서 사랑 손님 상에도 놓고, 또 옥희에게도 한 알씩 주었다. 그뿐만 아니라, 옥희는 사랑 손님에게 놀러가 가끔 사랑 손님이 책상서랍 속에서 꺼내 주는 달걀을 한두 알 받아먹기도 하였다. 그래 그담부터 옥희는 사랑 손님에게 달걀을 아주 많이 얻어먹었다.

② 가슴이 아프다.

③ 학생들 생각대로 정리

4 글쓰기 연습을 끊임없이 하라

서술형 문제는 이미 여러 시험에 출제되고 있기 때문에 큰 어려움은 없지만 학생들이 가장 생소하게 느끼는 부분은 바로 '논술형' 문제다. 교육청 담당자에 따르면, 논술형은 정기고사에서는 시간문제 때문에 출제가 어려워 수행평가 내에서 이루어지도록 하고 있으며 서술형 30% 출제는 권장 사항으로서 학교별로 비율 조정이 가능하다고 밝혔다.

글쓰기는 이제 본격적으로 내신평가에 반영되고 있다. 문제당 점수 비중도 높아 서술 · 논술형 문제를 간과해서는 내신 관리가 어려워진 셈이다. 이 같은 서술 · 논술형 시험문제는 단순 암기로 풀 수 있는 것이 아니라 문제와 지문을 읽은 뒤 깊이 생각해야 답을 쓸 수 있는 문제로 출제되는 경향이 있다.

서술 · 논술형 시험문제의 대비책으로 제일 중요한 것은 기본적으로 요구되는 쓰기 능력을 기르는 것이다. 쓰기 능력은 하루 이틀에 완성되지 않는다. 따라서 논제를 정확히 파악하고 문제가 요구하는 답변에 자기 생각을 가미해 논리적으로 전개하는 글쓰기 연습을 많이 해야 한다. 글쓰기 능력을 익히려면 창의적 문제해결 능력과 지식의 통합적

활용 능력을 높이는 공부가 필요하다. 따라서 교과 내용을 정확하게 숙지하고 책이나 신문 사설을 많이 읽는 것이 필요하다. 서술 · 논술형 시험문제는 자신이 잘 알고 있는 내용이어도 글로 제대로 표현하지 못하면 좋은 점수를 받을 수 없다.

논술형 문제에서 '자신의 주장을 펼치라'는 문제가 나오면 독자를 설득하기 위한 글을 써야 한다. 사례를 제시할 때는 사실적인 내용을 들며, 다른 측면의 주장도 인정해야 한다. 또한 서술 · 논술형 시험문제에는 개념을 정의하거나 설명하는 문제가 출제되므로 단어의 개념 정의, 신문이나 잡지의 해설이나 기사, 설명문 쓰기, 보고서 쓰기, 기사문 쓰기, 전기문 쓰기, 안내문 쓰기 등을 연습하는 것이 효과적이다.

논술형 시험문제의 답을 쓸 때는 특히 객관성을 유지해야 하며 지식과 정보가 분명하게 드러나야 한다. 글쓴이의 주관적인 생각이 들어간 지식과 정보는 채점자에게 어떤 판단을 요구하게 되어 본연의 목적에 위배된다. 또한 읽어도 무엇을 말하는지 모르게 써 놓으면 오히려 채점자에게 혼란만 가중시키는 상황이 된다.

참고 문헌

강희인(1997). 국어과 문종별 단원의 통합지도 방안 연구. 한국교원대학교 대학원 석사학위 논문.

교육부(1997). **국어과 교육과정**. 서울: 대한교과서주식회사.

교육인적자원부 (2003). **초등학교 교사용 지도서 국어 3-2**. 서울: 대한교과서주식회사.

__________(2003). **초등학교 국어 쓰기 3-2**. 서울: 대한교과서주식회사.

__________(2003). **초등학교 국어 읽기 3-2**. 서울: 대한교과서주식회사.

노명완(1988). **국어교육론**. 서울: 갑을출판사.

노명완 외(1995). **국어과 교육론**. 서울: 갑을출판사.

박수경(2009). **차별을 이겨내는 힘 관심**. 서울: 지식채널.

박영목 외 (1995). **국어과 교수 학습 방법 탐구**. 서울: 교학사.

(1996). **국어교육학 원론**. 서울: 교학사.

방인태 외(2000). **초등 국어과 교육**. 서울: 박이정.

성태제(1998). **교육연구방법의 이해**. 서울: 학지사.

신헌재 외(1996). **열린교육을 위한 국어과 교수 · 학습 방법**. 서울: 박이정.

이성영(1995). **국어교육의 내용 연구**. 서울: 서울대학교 출판부.

이성은 (1994). **총체적 언어 교육: 교실 적용의 이론과 실제**. 서울: 창지사.

(1997). **국어과 열린 교육**. 서울: 교육과학사.

천경록(1999). 독서 교육과 독서 평가. 독서연구 제4회. 한국독서학회.

천경록, 이재승(2000). **읽기 교육의 이해**. 서울: 우리교육.

최영환(1997). 기능과 전략 중심의 교육과정 설계 방안. **국어교육, 95**. 147-173.

최현섭 외(2001). **국어교육학개론**. 서울: 삼지원.

황경희(1994). 아동의 제재 흥미와 생활문 짓기 능력과의 관계. 이화여자대학교 대학원 박사학위 논문.

하청호(1987). 이야기 글에 나타난 가치 주제 분석. 계명대학교 석사학위 논문.

한윤옥(1997). 아동문학도서의 특성에 관한 연구. 성균관대학교 박사학위 논문.

허병두(1996). 교과서와 독서 교육. **교육월보 10월**호. 교육부.

Self

부록

Self

부록

1 문장의 성분

문장의 성분은 한 문장을 구성하는 요소를 말하며, 어느 어절이 다른 어절이나 단어에 대해 갖는 관계를 말한다. 문장의 성분에는 주성분인 주어, 서술어, 목적어, 보어와 부속 성분인 관형어, 부사어가 있다.

주성분

주성분이란 문장의 골격을 이루는 필수적 성분을 말하며, 주어, 서술어, 목적어, 보어가 있다.

주어 주어는 문장의 주체가 되는 성분으로, 문장에서 '누가' '무엇이'에 해당하는 말이다.

예) 꽃이 핀다. → '꽃이'가 주어
영수가 공부를 한다. → '영수가'가 주어

서술어 서술어는 주어의 동작, 작용, 상태 등을 설명하는 성분으로, 문장에서 '어찌하다' '어떠하다' '무엇이다'에 해당하는 말이다.

예) 여름이 온다. → '온다'가 서술어
비가 그친다. → '그친다'가 서술어

목적어 목적어는 서술어의 동작이나 대상이 되는 성분으로, 문장에서 '무엇을'에 해당하는 말이다.

예) 영희가 텔레비전을 본다. → '텔레비전'이 목적어
강아지가 밥을 먹는다. → '밥을'이 목적어

목적어 보어는 불완전한 서술어를 보충해 주는 성분으로, 문장에서 '되다' '아니다' 앞에 오는 '누가' '무엇이' 에 해당하는 말이다.

예) 굼벵이가 자라면 매미가 된다. → '매미' 가 보어
다희는 천재가 아니다. → '천재가' 가 보어

부속 성분

부속 성분은 주성분의 내용을 꾸며 주는 구실을 하며 관형어, 부사어가 있다.

관형어 관형어란 체언을 꾸며서 그 의미를 한정해 주는 성분으로, 문장에서 '어떠한' '무엇의' 에 해당하는 말이다.

예) 영희가 예쁜 신발을 신었다. → '예쁜' 이 관형어
엄마가 복잡한 시장에서 길을 잃었다. → '복잡한' 이 관형어

부사어 부사어는 주로 용언을 수식하는 성분으로, 문장에서 '어떻게' '어찌' 에 해당하는 말이다.

예) 꽃이 매우 예쁘다. → '매우' 가 부사어
아기가 잘 논다. → '잘' 이 부사어

독립 성분

독립 성분은 주성분이나 부속 성분과 직접적인 관계가 없이 한 문장에서 따로 떨어진 문장 성분으로 독립어가 있다.

독립어는 문장의 구성에는 직접적인 관계가 없이 독립적으로 쓰이는 성분으로, 문장에서 부름, 대답, 느낌, 감탄 등을 나타내는 말이나 접속 부사를 말한다.

예) 철수야, 쓰레기 버리고 와라. ('철수야'가 부름의 독립어)
네, 알았어요. ('네'가 대답의 독립어)
아이쿠, 넘어졌다. ('아이쿠'가 감탄의 독립어)

2 품 사

품사란, 공통된 성질을 지닌 단어끼리 모아 놓은 단어의 갈래를 말한다. 품사는 기능에 따라 체언, 관계언, 용언, 수식언, 독립언의 다섯 가지로 나뉘고, 의미에 따라 명사, 대명사, 수사, 조사, 동사, 형용사, 관형사, 부사, 감탄사의 9품사로 나뉜다.

체언

체언은 조사의 도움을 받아 문장에서 주체의 구실을 하는 단어를 말한다. 체언은 글의 중심이 되는 것으로 명사 · 대명사 · 수사가 있으며, 용언에 대립되고 조사(助詞: 토씨)의 도움으로 여러 가지 문장 성분으로 기능할 수 있다.

명사 명사는 사물이나 사람의 이름을 나타내는 낱말이다.

예) 한국, 백두산, 대동강, 영희(사람 이름), 묶음, 포기(물건을 세는 단위) 등

대명사 대명사는 말 그대로 명사를 대신하여 사물이나 사람, 장소 등의 이름을 가리키는 낱말이다.

예) 이것, 저것, 그것, 나, 너, 우리, 저기, 거기 등

수사 수사는 물건을 세는 수량이나 순서를 가리키는 낱말이다.

예) 하나, 둘, 첫째, 둘째, 제1, 제2 등

관계언

관계언은 자체로는 의미를 가지지 못하며, 다른 낱말의 뒤에 붙어서 그 말과 다른 말과의 관계를 나타내는 낱말로 조사가 있다.

조사는 주로 체언 뒤에 붙어서 문장에서 체언이 하고 있는 구실을 나타냄으로써 문장의 의미가 잘 드러나도록 해 주는 낱말이다.

예) -은, -는, -가, -에게, -을, -부터, -와 등

용 언

용언은 독립된 뜻을 가지고 어미(語尾)를 활용하여 문장 성분으로서 서술어의 기능을 하는데, 문장에서 주어를 서술하는 기능을 하며 동사와 형용사가 있다.

동사 동사는 사물이나 사람의 움직임을 나타내는 낱말이다.

예) 한다, 간다, 보다, 자다, 먹다 등

형용사 형용사는 사물 또는 사람의 상태나 성질을 나타내는 낱말이다.

예) 꽃예쁘다, 높다, 크다 등

수식언

수식언은 문장에서 다른 말을 꾸며 주는 구실을 하는 것으로, 관형사와 부사가 있다.

관형사 관형사는 체언을 꾸며 주는 구실을 하는 낱말이다.

예) 아, 그, 저, 헌, 새, 한, 두 등

부사 부사는 주로 용언을 꾸며 주는 구실을 하는 낱말이다.

예) 아주, 매우, 갑자기, 꼭 등

독립언

독립언은 문장에서 다른 문장 성분에 얽매이지 않고 독립성을 가지는 낱말로, 감탄사 하나뿐이다.

감탄사는 말하는 이의 본능적인 놀람이나 느낌, 부름, 응답 따위를 나타내는 낱말을 말한다.

예) 어머나, 오냐, 여보게, 네 등

'나는 아름다운 경희를 몹시 사랑하였다.' 라는 문장을 문장 성분과 품사별로 분석해 보자.

나는	아름다운	경희를	몹시	사랑하였다.
주어	관형어	목적어	부사어	서술어
나/는	아름다운	경희/를	몹시	사랑하였다.
대명사/조사	형용사	명사/조사	부사	동사

3 맞춤법

글자는 크게 뜻글자와 소리글자로 나뉘는데 뜻글자는 하나 하나의 글자가 낱말의 뜻을 나타내는 글자이고, 소리글자는 뜻과는 상관없이 소리만 적는 글자다. 우리글은 대표적인 소리글자로 소리가 들리는 그대로 적어 주면 된다. 하지만 소리 나는 대로 적으면 맞춤법과 띄어쓰기에 어긋나는 경우가 있다. 그 이유는 소리가 말과 글이라는 두 가지의 다른 방법으로 표현되기 때문이다.

예를 들면, 소리글자의 기본으로 소리 나는 대로 글을 쓴다고 가정할 때 '값(價)' 에 대해 '값, 값이, 값만, 값도, 값을' 등이 소리로 나올 때는 [갑, 갑씨, 감만, 갑또, 갑쓸] 로 발음된다. 이처럼 소리 나는 대로 적는다면, '이거 갑시 얼마입니까?' '이거 감만 비싸네요.' '이거 갑또 싸네요,' '갑쓸 치르다.' 가 된다. 따라서 아무런 정보 없이 소리 나는 대로 적은 글을 읽는다면 무슨 뜻인지 정확하게 파악할 수가 없게 된다. 이러한 이유로 글에서는 소리에서와 달리 몇 가지 규칙을 정해 맞춤법을 만들어 독자들이 혼동하지 않고 글을 읽게 한다.

초등학교에서부터 맞춤법을 정확하게 익혀야 논술은 물론이고 주관식 시험에 답을 할 수 있다. 공부는 많이 해서 내용은 알고 있어도 맞춤법에 틀리게 쓴다면 오답이 되는 경우가 종종 발생하기 때문에 공부한 만큼 실력을 인정받기 위해서는 반드시 맞춤법을 익혀야 한다.

맞춤법에서 우리글은 소리글자의 기본을 지켜 소리 나는 대로 적되, 앞뒤의 소리 때문에 모양이 바뀌는 것은 모양을 고정하는 것으로 하고 있다. 초등학교에서 익혀야 하는 꼭 필요한 맞춤법은 다음과 같다.

'사이시옷' 제대로 알기

단어와 단어가 합쳐질 때 '사이시옷'이 들어가는 경우와 그렇지 않은 경우가 있다. '등교 + 길'을 '등굣길'이라고 쓰는 것처럼 단어가 합쳐질 때 소리와 일치하지 않는 경우 사이시옷을 넣는다. 이때는 다음 세 가지 조건이 충족되어야 한다.

- 두 단어가 합해져서 하나의 단어가 된 것
- 두 단어 중 하나는 반드시 고유어일 것
- 원래 없었던 된소리가 나거나 'ㄴ' 소리가 덧날 것

예)

단어		단어	발음	표기
저(箸: 한자어)	+	가락(고유어)	저까락	젓가락
깨(고유어)		잎(고유어)	깬닙	깻잎

그럼 왜 **'숟가락'**은 '젓가락'처럼 '숫가락'이 아닌가?

'숟가락'은 '젓가락'과 마찬가지로 밥 한 술, 두 술 할 때의 '술'이라는 한자어와 '가락'이라는 고유어가 결합된 것으로 앞의 규칙대로 적용한다면 발음은 '술가락'이 되어야 한다. 하지만 술가락이라 소리 내면 '술'보다 '가락'이 강해 강조해야 하는 '술'이 약하게 들린다. 그래서 '술'을 '숟'으로 바꿔 강하게 소리 내는 것이다.

이처럼 '숟가락'처럼 예외적인 것이 있다. 바로 '셋방'이다. '셋방'은 '세(貰)'와 '방(房)'이라는 두 한자어가 합쳐진 것으로 '세방'으로 표기해야 하지만 '셋방'으로 표기하고 있다.

예)

단어		단어	발음	표기
전세(傳貰: 한자어)		방(房: 한자어)	전세방	전세방
전세(傳貰: 한자어)	+	집(고유어)	전세찝	전셋집
세(貰: 한자어)		방(房: 한자어)	세빵	세방(→ 셋방)

반드시와 반듯이의 차이점

반드시는 '꼭' 이라는 뜻이고, 반듯이는 '반듯하게, 똑바르게' 라는 뜻이다. 반드시는 같은 모양이 들어 있는 다른 단어가 없지만, 반듯이는 같은 모양이 들어 있는 다른 단어가 있다. 즉, '반듯하다' 의 '반듯' 이 '반듯이' 의 '반듯' 과 같다. 이렇게 같은 모양이 들어 있는 단어가 있으면 '반듯이' 처럼 그 모양을 밝혀 쓰고, 그렇지 않은 경우에는 '반드시' 처럼 소리 나는 대로 쓴다.

그럼 '겉절이' 를 예로 들어 보자. 소리 나는 대로 적는다면 '겉저리' 가 된다. 하지만 '절이' '절이다' 라는 같은 모양의 다른 단어가 있다. 따라서 '겉절이' 는 '겉저리' 가 아닌 '겉절이' 가 된다.

'반드시' 처럼 소리 나는 대로 적을 수 있는 단어로는 '설거지' '도시락' 등이 있다.

'-이' 와 '-히' 의 구별법

'깨끗이' 와 '깨끗히' 중 무엇이 옳은 말인지 잘 모르는 사람이 많다. 이와 같은 단어를 구분하는 방법은 의외로 간단하다. '-하다' 가 붙을 수 있는 말은 모두 '-히' 로 쓰되 몇 가지 예외적인 경우만 기억하면 된다.

'하다' 가 붙었을 때 '-히' 가 아닌 '-이' 로 쓰는 예외적인 경우

'ㅅ' 받침으로 끝나는 말 다음에는 깨끗-이, 반듯-이, 깍듯-이

'ㅂ' 받침이 없어지는 말 다음에는 가벼(ㅂ)-이, 새로(ㅂ)-이, 너그러(ㅂ)-이

'하다' 가 붙지 않는 말 다음에는 같-이, 깊-이, 헛-되이

부사 뒤에는 더욱-이, 일찍-이, 오뚝-이

같은 말이 반복되어 만들어진 말 다음에는 첩첩-이, 겹겹-이, 알알-이

'되'와 '돼', '안'과 '않' 구별하기

'되'는 '되다'의, '돼'는 '되어'의 준말이다. 비슷한 예는 '하'와 '해'로 '하여'의 준말이 '해'다. 쉽게 구별하는 법은 '되'와 '돼'를 '하'와 '해'라는 말로 바꾸어 보면 된다. '하'를 넣어 말이 되면 '되'이고 '해'를 넣어 말이 되면 '돼'다.

예) 됬다? 됐다? → (핬다 × 했다 ○) → 됐다
되서? 돼서? → (하서 × 해서 ○) → 돼서
되고서? 돼고서? → (하고서 ○ 해고서 ×)→ 되고서

'왠'과 '웬' 구별하기

'웬'은 명사를 꾸며 주는 관형사로 '이, 그, 저, 새, 헌'과 같은 성질의 단어다. 따라서 '웬'은 명사 앞에만 쓰일 수 있다. '왠'은 '왜인지'의 준말로 '왠지'라고 쓰는 경우만 있다.

예) • **웬**일이니?
• **웬** 사람이 이렇게 많아?
• **왠지** 모르게 웃음이 난다.

4 띄어쓰기

띄어쓰기는 단어와 단어 사이를 문법에 맞추어 띄어 쓰는 것을 말한다. 훈민정음을 처음 만들었을 때는 띄어쓰기가 존재하지 않았다. 그리고 한국 최초의 한글 신문인 '독립신문'에서도 띄어쓰기를 하지 않았다. 하지만 소리 글자인 우리글은 띄어쓰기를 하지 않으면 의미를 전달하는 데 어려움이 많다. 실제로 '아버지가방에들어갑니다.'를 보면 무

슨 뜻인지 정확하게 알기가 어렵다. 결국 이러한 문제를 해결하여 글을 정확하고 빠르게 읽을 수 있게 하기 위해 띄어쓰기를 시작하였다.

그럼 띄어쓰기는 어떻게 할까? 영어와 마찬가지로 단어를 띄어 쓰면 된다. 단, 예외적으로 조사는 무조건 붙여야 한다. 하지만 가끔 어디까지가 단어인지 모르는 경우가 있다. 이때는 사전에서 찾을 수 있는 말이 단어라고 보면 된다.

우리말 띄어쓰기의 기본은 간단하다. 여기에 몇 가지 규칙을 더 알아 두면 띄어쓰기에 자신감이 붙을 것이다.

조사 붙여 쓰기

조사는 원칙적으로 앞에 오는 단어에 붙여 쓴다.

명쾌한 글이 되려면 글쓴이의 생각이 무엇인지 글에 분명하게 나타나야 하고, 문장이 한 가지로만 해석되어야 한다. 이처럼 명쾌한 문장을 쓰기 위해서는 조사를 정확하게 사용해야 한다. 예를 들어, **'선생님이 은원이에게 책을 선물했다.'** 라고 할 때, '이' '에게' '을'은 모두 조사다. 이때 조사들의 위치를 바꿔 **'선생님에게 은원이가 책을 선물했다.'** 라고 하자. 글의 내용이 완전히 달라진다. 따라서 글을 쓸 때는 조사의 위치가 정확해야 한다.

관형절 띄어쓰기

띄어쓰기 중에 까다로운 것이 관형절과 의존명사 사이의 띄어쓰기다. 자립명사와는 달리 의존명사는 그 의미가 분명하지 않기 때문이다. 관형절 뒤에는 반드시 띄어 쓰는데, 여기서 의존명사나 관형절이란 용어가 어렵다면, 동사나 형용사 다음에 관형절임을 알 수 있게 해 주는 '-은, -는, -을, -던' 이 붙은 경우 뒤에 오는 말과 무조건 띄어 쓰면 된다.

예) ① 지현이가 먹은 만큼 너도 먹어라.
② 지현이가 먹을 만큼(만) 너도 먹어라.
③ 지현이가 먹던 대로 너도 먹어라.

①~③에서 '먹다' 라는 동사가 '만큼' 과 '대로' 를 꾸며 주고 있다. 이렇게 동사가 뒷말을 꾸며 주고 있을 때는 띄어 써야 한다. 여기서 '만큼' '대로' 는 의존명사다.

예) ④ 지현이는 너**만큼** 먹었다.
⑤ 지현이는 규칙**대로** 먹었다.

④와 ⑤에서는 '-은, -는, -을, -던' 없이 명사 '너' 와 '규칙' 뒤에 '만큼' 과 '대로' 가 붙어 부사어가 되었다. 여기서 '대로' 와 '만큼' 은 조사이므로 반드시 붙여 써야 한다.

이때 한 가지 주의할 점이 있다. '-ㄴ지' 와 '-ㄹ지' 는 이러한 규칙을 적용하면 띄어 써야 하지만 이것들은 모두 붙여 쓴다. 이것은 오랫동안 붙어 다녀서 한 단어로 인정을 받았기 때문이다.

예) ⑥ 지현이가 너만큼 먹**는지** 모르겠다.
⑦ 지현이가 너만큼 먹**을지** 모르겠다.

그러면 마지막으로 한 가지 경우를 더 알아보자.

예) ⑧ 지현이가 케이크를 먹**은 지** 한 시간이 되었다.

이것은 앞의 '-ㄴ지' 의 예외적인 적용으로, '지' 가 시간과 관련된 단어에 붙은 경우는 띄어 쓴다. 이렇게 예외가 생기는 것은 언어가 시간이 지남에 따라 변하기 때문인데, 현재 '-ㄹ지' 는 완전히 붙여 쓰는 것으로 바뀌었고 '-ㄴ지' 는 바뀌고 있는 중이다.

부정부사 띄어쓰기

부정부사는 반드시 띄어 쓴다. 따라서 부정부사로 쓰인 '안'과 '못'은 띄어 써야 한다. 그런데 '안'과 '못'을 붙여 쓰는 다음과 같은 경우가 있다.

예) ① 은진이가 참 **안됐어.**
② 너는 어떻게 나잇값도 **못하니?**

①과 ②의 경우, '안'과 '못'은 붙여써야 한다. 왜냐하면 여기서 '안'과 '못'은 부정부사가 아니기 때문이다. ①의 '안됐다'는 '안'과 '되다'가, ②의 '못하니'는 '못'과 '하다'가 합쳐져 만들어진 새로운 단어다. 복잡해 보이지만 의외로 구별하기는 쉽다.

문장 속에서 '안'이나 '못'을 빼고 보았을 때 말이 되면 부정부사이고, 어색하면 부정부사가 아닌 새로운 단어인 것이다. 그럼 ①과 ②에서 '안'과 '못'을 빼면 다음과 같다.

예) ③ 은진이가 참 **됐어.**
④ 너는 어떻게 나이 값도 **하니?**

③과 ④처럼 '안'과 '못'을 빼고 보았을 때 문장이 어색하면 부정부사가 아니라 새로운 단어로 쓰인 것이기 때문에 절대 띄어 쓰면 안 된다.

5 글쓰기 부호

우리말에는 글쓰기 부호라는 것이 있는데 바로 문장 부호와 교정 부호다. 문장 부호는 글의 의미를 보다 정확하게 전달해 주며 글쓴이의 어조를 알 수 있게 해 주고, 교정 부호는 글의 잘못된 부분을 수정하는 것을 도와 어떤 부분을 어떻게 고치고자 하는지 알게 해 준다. 문장 부호와 교정 부호는 많은 사람이 소홀히 하는 부분이지만 자신의 뜻을 정확하게 전달하고자 할 때 없어서는 안 되는 중요한 요소다.

문장 부호

문장 부호는 구두점이라고도 한다. 문장 부호는 순수하게 논리적인 목적에서 사용하는 경우와 어조상(語調上)의 쉼을 위하여 사용하는 경우가 있으며. 시(詩)에서는 리듬을 위해 사용하기도 한다.

문장 부호의 기원적 형태는 한문 원전(原典)을 읽을 때 독해(讀解)의 필요에서 찍는 훈점(訓點)에서 찾을 수 있으며, 표현을 위해 사용된 문장 부호의 발달은 로마자가 우리나라에 소개되면서부터 차용, 발전한 것이다.

『수형기(水衡記)』에 다음과 같은 이야기가 전한다.

양(梁)나라의 장승요(張僧繇)가 금릉(金陵:南京)에 있는 안락사(安樂寺)에 용 두 마리를 그렸는데 눈동자를 그리지 않았다. 사람들이 이상히 생각하여 그 까닭을 묻자 "눈동자를 그리면 용이 날아가 버리기 때문이다."라고 대답하였다. 그러나 사람들은 그 말을 믿지 않았다. 그래서 그는 용 한 마리에 눈동자를 그려 넣었다. 그러자 갑자기 천둥이 울리고 번개가 치며 용이 벽을 차고 하늘로 올라가 버렸다. 눈동자를 그리지 않은 용은 그대로 남아 있었다. 한편 어떤 일이 총체적으로는 잘되었는데 어딘가 한 군데 부족한 점이 있을 때 '화룡에 점정이 빠졌다.' 라고 한다.

이 내용은 화룡점정이라는 고사성어에 대한 이야기로, 무슨 일을 할 때 최후의 중요한 부분을 마무리함으로써 그 일을 돋보이게 하거나 완성한다는 뜻을 가진 말이다. 글을 쓸 때 화룡점정의 역할을 하는 것이 바로 문장 부호다. 문장 부호가 있음으로써 글이 더 확실하게, 그리고 세련되게 전달된다.

가장 널리 쓰이는 문장 부호들은 다음과 같다.

마침표 문장을 끝맺을 때 쓰는 것으로 온점(.), 고리점(。), 물음표(?), 느낌표(!)가 있다.

부 호	명 칭	쓰 임	쓰임의 예
.	온점(가로쓰기)	설명하거나 시키는 문장의 끝에 씀 서술·명령·청유 따위를 나타내는 문장의 끝에 쓰거나, 아라비아 숫자만으로 연월일을 표시할 때, 준말을 나타낼 때, 또는 표시 문자 다음에 씀	• 3학년이 되었습니다. • 이리 와. • 22.5kg • Mr. • 2004. 9. 20.
。	고리점(세로쓰기)		
?	물음표	묻는 문장의 끝에 씀	• 몇 반이에요?
!	느낌표	기쁘거나 슬프거나 놀랐을 때 그 느낌을 나타내는 문장의 끝에 씀	• 꽃이 정말 예쁘구나!

쉼표 반점(,), 모점(、), 가운뎃점(·), 쌍점(:), 빗금(/)이 있는데 흔히 반점만을 이르기도 한다.

부 호	명 칭	쓰 임	쓰임의 예
,	반점(가로쓰기)	여러 말을 늘어놓을 때나 부르는 말 뒤에 씀	• 봄, 여름, 가을, 겨울이 있습니다. • 효빈아, 고마워.
、	모점(세로쓰기)		
·	가운뎃점	몇 개의 단어를 나열할 때, 또는 두 숫자로 된 말 사이에 씀	• 수박 · 참외 • 3 · 1절
:	쌍점	내포되는 종류를 들 때, 소표제 뒤에 간단한 설명이 붙을 때, 저자명 다음에 저서명을 적을 때, 시(時)와 분(分), 장(章)과 절(節) 따위를 구별할 때, 둘 이상을 대비할 때 씀	• 과일: 사과 · 배 · 감 • 일시: 2012년 10월 15일 10시 • 정약용: 목민심서, 경세유표
/	빗금	대응 · 대립되거나 대등한 것을 함께 보이는 단어 · 구 · 절 사이에 쓰고, 대등한 것으로 '또는'을 나타낼 때, 분수를 나타낼 때도 씀	• 선우 훈/선우훈 • 이백삼십 원/230원 • (○○)이/가, 1/4분기, 2/10

따옴표 문장 부호의 하나로 큰따옴표(“ ”), 겹낫표(『』), 작은따옴표(‘ ’), 낫표(「」)가 있다.

<table>
<tr><th>부 호</th><th>명 칭</th><th>쓰 임</th><th>쓰임의 예</th></tr>
<tr><td>“ ”</td><td>큰따옴표
(가로쓰기)</td><td rowspan="2">글 가운데 직접 대화를 보이고자 할 때, 남의 말을 직접 인용할 때 씀</td><td rowspan="2">• “학교에 같이 가자.”
• 책 제목 – 『톨스토이 단편선』</td></tr>
<tr><td>『 』</td><td>겹낫표
(세로쓰기)</td></tr>
<tr><td>‘ ’</td><td>작은따옴표
(가로쓰기)</td><td rowspan="2">특별히 쓰이는 말, 특히 강조하여 주의를 돌리려는 말과 신문 이름 · 책 이름 · 제목 등을 두드러지게 보일 때, 또 마음속으로 생각하는 것 등을 나타날 때와 따온 말 가운데 다시 따온 말을 나타날 때 씀</td><td rowspan="2">• ‘이 책 참 재미있겠다.’
• 논문이나 단편소설 제목 – 「바보이반」</td></tr>
<tr><td>「 」</td><td>낫표
(세로쓰기)</td></tr>
</table>

묶음표 다른 글과 구별하고자 하는 부분의 앞뒤에 쓰는 것으로 소괄호, 중괄호, 대괄호가 있다.

부 호	명 칭	쓰 임	쓰임의 예
( )	소괄호	원어 · 연대 · 주석 등을 넣을 때, 기호 또는 기호의 구실을 하는 문자 · 단어 · 구에 씀	커피는(coffee)는 기호식품이다.
{ }	중괄호	여러 단위를 동등하게 묶을 때 씀	아이들이 모두 학교 {에, 로, 를} 갔어요.
[ ]	대괄호	‘꺾쇠묶음’이라고 하는데 묶음표 안의 말이 바깥 말의 음과 다를 때, 묶음표 안에 또 묶음표가 있을 때 씀	나이[年歲]

이음표 줄표(—), 붙임표(-), 물결표(~)가 있다.

부 호	명 칭	쓰 임	쓰임의 예
—	줄표	이미 말한 내용을 다른 말로 부연하거나 보충할 때 씀	어머니께 말했다가 — 아니, 말씀드렸다가 — 꾸중만 들었다.
-	붙임표	사전, 논문 등에서 파생어나 합성어를 나타내거나 접사나 어미임을 나타낼 때, 외래어와 고유어 또는 외래어와 한자어가 결합하는 경우에 씀	• 불 – 구경 • 빛 – 에너지
~	물결표	'내지'의 뜻으로 쓰거나 어떤 말의 앞이나 뒤에 들어갈 말 대신에 씀	11월 9일~12월 4일

교정 부호

완성된 문서의 내용이 잘못되었을 경우, 이를 바로잡도록 지시하는 데 사용되는 기호를 말한다. 교정 부호를 사용할 때는 정해진 교정 부호만 써야 하며, 교정하려는 의미가 명확하게 전달되도록 깨끗하게 표기해야 한다. 교정 부호의 색은 원고의 색과 다르게 하여 눈에 잘 띄도록 해야 하며 교정하려는 글자를 정확하게 지적해야 한다. 여러 교정 부호를 쓸 때는 서로 겹치지 않도록 주의하며, 부득이 겹칠 경우는 겹치는 각도를 크게 하여 교정 부호를 알아볼 수 있도록 한다.

부 호	쓰 임	쓰임의 예
	붙여 쓸 때	도서관 에서 책을 읽었다.
	띄어 쓸 때	내이름은 김삼순
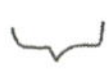	글자를 집어넣을 때	다솜이는 한다. 세수를
	한 글자를 고칠 때	손을 깨끗히 씻자. 이
	여러 글자를 고칠 때	나는 깬닢을 좋아한다. 깻잎
	줄을 바꿀 때	"야, 호수가 맑다." 나는 웃으며 말했다.
	오른쪽으로 옮길 때 (들여쓰기)	행복의 노래를 부른다.
	왼쪽으로 옮길 때 (내어쓰기)	질서를 지켜야 한다.
	앞과 뒤의 순서를 바꿀 때	소리 쳤습니다. "야"라고
	줄을 이을 때	감기약을 먹었다. 너무 써서 사탕을 먹었다.
	삭제할 때	나는 나너무 행복하다.

6 학년별 권장도서 목록

1학년 권장도서 목록

번호	도서명	출판사	번호	도서명	출판사
1	바빠요 바빠	보리	26	마법 침대	시공주니어
2	선생님이랑 결혼할래요	청솔	27	점	문학동네어린이
3	갈치 사이소	보리	28	느긋한 돼지와 잔소리꾼 토끼	시공주니어
4	난 생쥐가 아니야	김영사	29	까치옷	가교
5	당나귀 공주	베틀북	30	주머니 없는 캥거루 케이티	비룡소
6	방귀 만세	아이세움	31	도서관	시공주니어
7	비눗방울을 탄 임금님	한림	32	구름빵	한솔수북
8	오른발 왼발	비룡소	33	거미와 파리	열린어린이
9	해님에게 이름을	교학사	34	푸른 개	파랑새
10	각시붕어가 이상해졌어요	여명	35	이상한 자연사 박물관	미래M&B
11	개미가 날아올랐어	다섯수레	36	누가 누굴 먹는거야	함께읽는책
12	아주 특별한 자전거	자유지성사	37	안경 끼고 랄랄라	시공주니어
13	아빠하고 나하고	도깨비	38	네가 달팽이니?	다섯수레
14	감기 걸린 날	보림	39	네가 메뚜기니?	다섯수레
15	고양이	길벗어린이	40	마들렌카	베틀북
16	넉 점 반	창비	41	하얀 눈썹 호랑이	한솔수북
17	산골 총각	너른들	42	사내 대장부	비룡소
18	엄마 난 이 옷이 좋아요	재미마주	43	상상하는 책	웅진씽크빅
19	영이의 비닐우산	창비	44	파란 시간을 아세요?	베틀북
20	왕치와 소새와 개미	다림	45	고무신 기차	언어세상
21	꼬마 구름 파랑이	비룡소	46	지하철을 타고서	길벗어린이
22	마티유의 까만색 세상	어린이작가정신	47	틀려도 괜찮아	토토북
23	땅 속 나라 도둑 괴물	보림	48	중요한 사실	보림
24	여우누이	보림	49	우리 가족입니다	보림
25	붕어빵 한 개	푸른숲	50	로쿠베, 조금만 기다려	양철북

2 학년 권장도서 목록

번호	도서명	출판사	번호	도서명	출판사
1	이야기 이야기	보림	26	터널	논장
2	톡톡 할아버지	우리교육	27	행복한 미술관	웅진닷컴
3	감자를 먹으며	낮은산	28	느끼는 대로	문학동네어린이
4	15분짜리 형	문공사	29	한눈이 퉁눈	이상
5	공짜로 떠난 바다 여행	자유지성사	30	당나귀 실베스터와 요술조약돌	다산
6	과수원 집 아이	자유지성사	31	우리집에 온 파도	이상의 날개
7	그래도 나는 누나가 좋아	소년한길	32	눈 다래끼 팔아요	언어세상
8	나도 방을 갖고 싶어요	푸른책들	33	오른쪽이와 동네 한 바퀴	느림보
9	내 이름은 열두 개	푸른책들	34	샌지와 빵집주인	비룡소
10	내 친구 파리지옥	느림보	35	위층 할머니, 아래층 할머니	비룡소
11	두두리 나라 임금님	여명출판사	36	아빠는 내 눈에만 보여요	교학사
12	따뜻한 팬티	시공주니어	37	개가 되고 싶지 않은 개	북하우스
13	석류나무 집 아이	자유지성사	38	삽살개 아버지 하지홍	청어람미디어
14	아리수의 오리	마루벌	39	미미 안에 또 다른 미미	문원
15	아빠하고 나하고	도깨비	40	똥 자 들어간 벌레들아	푸른책들
16	아주 특별한 자전거	자유지성사	41	길아저씨, 손아저씨	국민서관
17	옆집에는 누가 살고 있을까	소년한길	42	고슴도치 아이	보림
18	웃음총	효리원	43	우산속	아동문예사
19	지워지지 않는 낙서	교학사	44	달을 줄 걸 그랬어	달리
20	금붕어 2마리와 아빠를 바꾼 날	소금창고	45	강아지 우산 나와라	푸른책들
21	큰 고추 작은 고추	비룡소	46	똑딱 똑딱	그린북
22	알로 알로 내짝꿍 민들레	비룡소	47	참새네 칠판	아가서
23	너랑 나랑 뭐가 다르지?	비룡소	48	미술관에 핀 해바라기	크레용하우스
24	더 크기 전에 꼭 한 번	베틀북	49	피바디 선생님의 사과	문학과지성사
25	별이 된 일곱 쌍둥이	대교출판	50	하나라도 백 개인 사과	문학동네

3학년 권장도서 목록

번호	도서명	출판사	번호	도서명	출판사
1	감자를 먹으며	낮은산	26	나는 주워 온 아이인가봐	중앙출판사
2	늑대왕 핫산	낮은산	27	시인과 여우	보림
3	비릴로의 동물농장	서광사	28	시인과 요술조약돌	보림
4	깨비 깨비 참 도깨비	산하	29	탁탁톡톡 음매 젖소가 편지를 쓴대요	어린이 중앙
5	엄마 마중	보리	30	소년이 찾은 파랑	달리
6	곤충의 비밀	예림당	31	아 툭	보물창고
7	길모퉁이의 짐할아버지	유진	32	스티킨	바다어린이
8	매듭을 묶으며	사계절	33	아주 작은개 치키티토	시공주니어
9	아프리카 동화	서광사	34	콩알만 한 작은 개	논장
10	쩌우 까우 이야기	창비	35	떠돌이 개	작은책방
11	꿈꾸는 뇌	아이세움	36	우리는 지금 벌 받는 중	문원
12	공룡을 사랑한 할아버지	문학동네어린이	37	마법의 숫자들	비룡소
13	일기장에게 쓴 편지	크레용하우스	38	길모퉁이 행운돼지	다림
14	짱뚱이의 나의 살던 고향은	파랑새	39	내 마음의 수호천사	푸른나무
15	나와 악기박물관	미래M&B	40	엄마 내 마음이 아파요	청년사
16	노래 주머니	우리교육	41	고구려의 아이	대교출판
17	미술과 색	동산사	42	가시내	사계절
18	쌍동밤	숲속나라	43	쌍둥이빌딩 사이를 걸어간 남자	보물창고
19	아씨방 일곱 동무	비룡소	44	늑대숲, 소쿠리숲, 도둑숲	논장
20	사과나무위에 할머니	중앙출판사	45	아북거, 아북거	시공주니어
21	사라, 버스를 타다	사계절	46	나는 아프리카에 사는 기린이라고 합니다	푸른길
22	신통방통 왕집중	문학동네 어린이	47	나는 고래곶에 사는 고래라고 합니다	푸른길
23	아버지를 찾아서	창비	48	빨간 기린	푸른길
24	다훈이의 비밀일기	영림커디널	49	소원을 들어주는 선물	웅진
25	똥의 진실	파랑새어린이	50	우리집에 온 마고할미	바람의 아이들

4 학년 권장도서 목록

번호	도서명	출판사	번호	도서명	출판사
1	거꾸로 가는 기차	예림당	26	엄마 따로, 아빠 따로	시공주니어
2	로라에게 생긴 일	교학사	27	피타고라스 구출작전	김영사
3	톨스토이 단편선	글송이	28	파란막대, 파란상자	사계절
4	장미마을의 초승달 빵집	한림	29	루이 브라이	다산
5	이제는 알고 가자 우리 역사 오천년	꿈소담이	30	민 핀	시공주니어
6	초등학생이 꼭 알아야 할 우리 대표 옛시조	예림당	31	유적 박물관(사진과 그림으로 보는 학습 박물관)	웅진
7	까마귀 물마시기	베틀북	32	하늘 다람쥐의 숲	문학사상사
8	록밴드 비틀즈의 작은 이야기	창조아이	33	즐거운 역사 체험, 어린이박물관	웅진씽크빅
9	아기도깨비와 오토제국	웅진	34	버려진 동물들의 이야기	보림
10	우리 엄마 최보임 씨	채우리	35	머피와 두칠	지식산업사
11	짧은 동화 긴 생각	효리원	36	일곱 난쟁이의 쓱쓱싹싹 비빔밥 만들기	대교
12	이야기 손자병법	한국독서 지도회	37	북쪽 나라 여우 이야기	보림
13	지구를 굴리는 쇠똥구리	문공사	38	그래서 행복해	대교
14	미안 미안해 반달곰아	영림커디널	39	검은 고양이 네로	보물창고
15	상상동화	대교	40	하늘을 나는 꿈	삼성당아이
16	세상에서 가장 아름다운 나의 마을	미래M&B	41	나는 입으로 걷는다	웅진
17	슈퍼 암탉 치키	두산동아	42	돌아온 젖소 블라섬	황금부엉이
18	도둑에게 고소당한 알리바바	아이세움	43	단 한 번의 멍	황금부엉이
19	아빠가 OO에게 주는 최고의 선물	화니북스	44	짱뚱이네집 똥황토	파랑새어린이
20	왕자와 매맞는 아이	아이세움	45	장기려-우리곁에 살다간 성자	봄나무
21	나는 용감한 메테보리	아이세움	46	논리력을 키워 주는 똑똑한 책: 왼쪽 두뇌 계발편	해피북스
22	리지 입은 지퍼 입	시공	47	빙하, 거대한 과학의 나라	봄나무
23	음악은 어디에서 오는 걸까요	산하	48	WHY? 자연재해	예림당
24	제임스와 슈퍼 복숭아(레벨2020)	시공주니어	49	WHY? 사춘기와 성	예림당
25	춘악이	문학동네어린이	50	WHY? 질병	예림당

5학년 권장도서 목록

번호	도서명	출판사
1	사자와 마녀와 옷장	시공주니어
2	아름다운 가치사전	한울림어린이
3	엄마, 엄마	현암사
4	아름다운 위인전	한겨레신문사
5	세상 모든 화가들의 그림 이야기	꿈소담이
6	너도 하늘말나리야	푸른책들
7	이인식 선생님과 함께 미래과학의 세계로 떠나보자	두산동아
8	받은 편지함	우리교육
9	역사야 나오너라	푸른숲
10	꿈꾸는 이슬	교학사
11	진주조개	동쪽나라
12	괭이부리말 아이들	창비
13	얘들아 단오가자	생각의 나무
14	허풍선 남작의 모험	꼬마하늘소
15	토끼도 저만큼 착한 풀을 뜯어 먹고 산다	산하
16	우리 나라의 세시풍속	교학사
17	열두 달 풍속 놀이	산하
18	곰 아저씨의 딱새 육아일기	산하
19	방송반 아이들	도깨비
20	사토루의 2분	달리
21	세계를 변화시킨 12명의 과학자	두산동아
22	잃어버린 겨울방학	한길사
23	지구를 둥글게 만든 사람들	푸른숲
24	흐린 후 차차 갬	비룡소
25	내 마음에 벽을 넘어	두산동아
26	버드나무에 부는 바람	시공주니어
27	맛있는 음악공부	청년사
28	상어를 사랑한 인어공주	푸른책들
29	주름쟁이 필레몬	랜덤하우스코리아
30	아빠 세상은 왜 옳지 못한가요	김영사
31	사슴과 사냥개	창비
32	잃어버린 진실 한 조각	보물창고
33	반갑다 논리야	사계절
34	구성애의 초딩 아우성 1	올리브M&B
35	구성애의 초딩 아우성 2	올리브M&B
36	나는 무슨 씨앗일까	샘터사
37	금자를 찾아서	보물창고
38	우리들만의 전쟁	국민서관
39	바닐라 향기가 나는 편지	푸른숲
40	작별인사	시공주니어
41	똥싼 할머니	시공주니어
42	밥상의 기사들	시공주니어
43	진지한씨와 유령선생	시공주니어
44	재미가 솔솔 나는 우리 옛이야기	시공주니어
45	떨어진 한쪽 큰 동그라미를 만나	시공주니어
46	스티킨	시공주니어
47	잘 먹고 잘 자라기	작은씨앗
48	맑은날	사계절
49	10일간의 보물찾기	창비
50	어린 임금의 눈물	파랑새어린이

6학년 권장도서 목록

번호	도서명	출판사	번호	도서명	출판사
1	나라를 일깨운 남궁억 장로	평단문화사	26	책만 보는 바보	보림
2	반딧불이의 무덤	다우	27	랄슨 선생님 구하기	내 인생의 책
3	사진과 그림으로 보는 한국의 역사	웅진씽크빅	28	강화도의 서양함대와 대원군	서강북스
4	강마을에 한번 와 볼라요?	문학동네어린이	29	만화로 보는 박 교수의 환경재난 이야기	이화여자대학교 출판부
5	소나	기다림	30	아빠가 들려주는 철학이야기	현암사
6	천문 항해의 비밀	사계절	31	학교가기 싫을 땐 이렇게 해봐	을파
7	울지 마 별이 뜨잖니	웅진닷컴	32	미노스	바람의 아이들
8	너도 하늘말나리야	푸른책들	33	하늘의 개척자 라이트 형제	비룡소
9	노빈손의 남극 어드벤처	뜨인돌	34	독도하늘에 태극기 휘날리며	뜨인돌어린이
10	64의 비밀	바람의 아이들	35	플루토 비밀 결사대	비룡소
11	말을 해야 알지	문원	36	천둥아, 내 외침을 들어라	내 인생의 책
12	아로와 완전한 세계	바람의 아이들	37	대륙을 호령한 발해	어린이중앙
13	아빠를 위한 연주	아이세움	38	에밀리가 조금 특별한 이유	문학동네어린이
14	어린 임금의 눈물	파랑새어린이	39	일기 도서관	사계절
15	어린이가 만날 10년 후 세상	녹색지팡이	40	창가의 토토	프로메테우스
16	엄마 아주 어렸을 적에	진선	41	나무	열린책들
17	여자 아이 클로딘	바람의 아이들	42	망치를 든 지질학자	가람기획
18	오늘을 만든 모든 것들	아이세움	43	바람이 불 때에	시공주니어
19	피터의 기묘한 몽상	아이세움	44	숙자언니	웅진씽크빅
20	페트병 속의 생물학	지성사	45	지도 밖으로 행군하라	푸른숲
21	땅콩박사	대한기독교서회	46	제주의 빛 김만덕	푸른숲
22	머리가 뻥 뚫리는 수학	웅진닷컴	47	바다를 품은 책 자산어보	아이세움
23	문제아에서 천재가 된 딥스	효리원	48	뚱보, 내인생	바람의 아이들
24	물음표가 느낌표에게	문학과지성사	49	나 좀 내버려 둬	돌베개어린이
25	금이 간 거울	창비	50	꼬마작가 폼비의 악당 이야기	비룡소

저자 소개

전도근 공주대학교 일반사회교육과를 졸업하고, 경희대학교 교육대학원에서 교육공학을 공부하였으며 홍익대학교에서 평생교육정책으로 박사학위를 받았다. 의정부고등학교와 의정부여자고등학교, 하수고등학교에서 16년간 교사로 학생들을 지도하였고, 2년간 경기도 교육청에서 경기지역 평생교육정보센터를 운영하였으며, 강남대학교에서 5년간 강의하였다. 지금까지 교육, 컴퓨터, 요리, 자동차, 서비스 등과 관련된 50개의 자격증을 취득하였으며, 각 대학교, 지자체, 교육청, 평생교육원, 국가전문행정연수원 및 각종 기업체 연수원 등에서 3,000여 회 이상 특강을 하였다. 제1회 평생학습대상 특별상을 수상하였으며, SBS 〈순간포착 세상에 이런일이〉」, KBS 〈한국 톱텐〉 등에 소개되었다. 지금까지 『엄마는 나의 코치』『공부하는 부모가 공부 잘하는 자녀를 만든다』『생산적 코칭 명강사를 위한 명강의 전략』『자기주도적 공부습관을 길러 주는 학습코칭』 등 150여 권의 저서를 집필하였다.

김설화 인하대학교 공과대학을 졸업하고 성균관대학교 경영대학원 사회적 기업가 과정을 수료하였다. 자기주도학습에 관심이 많아서 하자교육연구소에서 학습코치 자격증을 취득하였고, 학습코칭과 학습컨설팅을 하여 학생들의 학습 능력 향상을 체험한 결과를 바탕으로 국어자기주도학습 지도 방법을 만들었다. 현재 국어자기주도학습코치협회장으로서 평생교육실천포럼의 자문위원 및 한국자기주도학습코치협회 전문연구원으로 있으며, 전국에서 학부모와 학생을 위해서 국어자기주도 학습 방법에 대한 강의와 포트폴리오 작성, 자기소개서 컨설팅을 하고 있다.

국어 자기주도학습 지도 전략

※ 초등학교 편 ※

2013년 3월 20일 1판 1쇄 인쇄
2013년 3월 25일 1판 1쇄 발행

지은이 | 전도근 · 김설화
펴낸이 | 김진환
펴낸곳 | (주)학지사
121-837 서울특별시 마포구 서교동 352-29 마인드월드빌딩 5층
대표전화 • 02)330-5114 팩스 • 02)324-2345
등 록 | 2006년 11월 13일 제313-2006-000238호

홈페이지 | http://www.hakjisa.co.kr
커뮤니티 | http://cafe.naver.com/hakjisa

ISBN 978-89-997-0057-6 03370

정가 15,000 원